ダムの湖畔に咲くカタクリの花

ダムに沈んだ村・刀利

消えた千年の村の生活と真宗文化

谷口寛作 著
谷口典子 編

時潮社

最後の実りをハザカケする村人とダム調査員（写真提供／下に同じ）

「ノゾキ」につくられるダムの予想図（写真提供／南砺市立中央図書館）

「さらば　ふるさと」解村式で涙する村人
（昭和36年９月21日、写真提供／北日本新聞）

ダム湖畔の春

ダム建設の説明会で沈痛な面持ちの村人たち

上刀利村　山の中腹まで湖底に沈んだ

湖底の村

ダムに没したふる里の村は
むらさき色の山々にかこまれ
静寂だけを見つめている

音もなく　動きもない
のっぺりとした
人造湖のまんなかに
その昔
村の社の頂きに生えていた
栗の木が一本
電信柱のように　つっ立っていた

かつては　この山塊の村にも
いろいろな声が
こだましていた

早春の刀利ダム

子供が鬼ごっこをしている声
赤ん坊が泣いている声
でも
今は何の音もしない
それはもう
五〇年も
前のこと

あの鬼ごっこをしていた子供たちは
今
どうしているのだろう
泣いていた赤ん坊たちは
みんなどこへいってしまったのだろう

何の音も聞こえないふる里の山の
稜線の上を
一羽のトンビが輪を描く

小矢部川にある刀利ダム。1967年（昭和42）に完成し、3ヶ村が湖底に沈んだ。
（写真提供／富山県小矢部川ダム管理事務所）

はじめに

湖底に沈んだ夫のふるさと、刀利ダムは美しい。湖面は青く、周りを囲む木々と山々は深く、遠くに重なる紫たなびく奥山は、まるで一服の絵のようです。多くの観光客がその美しさに魅せられ、訪れてきます。

ただ、その美しい湖面からは、かつて秘境の桃源郷とまでいわれた村の本当の「美しさ」や、千年にもわたりここを守り続けてきた苦難の道のり、そしてみなで寄り添い支えつつ生きてきた「生活」があったことは知ることができません。今は憩いの場としての公園があり、また湖畔には村の歴史や水没した家々の代表者の名が刻まれた碑が建っています。けれども、それだけではそれらの人々の家族の営みや村の自然、生活の様子などは伝わってはきません。五〇メートルもの湖底には今も住居跡や学校跡、小矢部川の流れの跡があり、人々が毎日歩いた道や、夕日に輝いた棚田などが無言で横たわっているのです。

夫は平成二一年（二〇〇九）一一月初めに急逝いたしました。悲しみの中で夫のパソコンを開くと、その中には刀利に関する回想風の文章と貴重な画像が未整理のまま残っておりました。こんなにたくさんの「思い」を形として残していたのはなぜなのだろうか。夫はおそらく、かつてこのダムの底には、愛する、わがふるさと刀利の村があったということ、そこには一生懸命に、みなが力をあわせ、つましく生きてきた村人たちの「生活」があったのだということを伝えたかったからではないでしょうか。

自分のふるさと、郷土を守り、家や親兄弟や子どもを守って生きていくこと、これほどすばらしい生き方はないと思います。亡き夫が大切に保管していた刀利に関するものの中に、『万華鏡―富山写真語《がたり》―156刀利』という本がありました。そしてそこには「刀利谷の記憶」という巻頭言がありました。その中に、

「桃源郷にたとえられた刀利谷の記憶を消し去ってはならない……。ダムサイトに立つと、湖底から叫び声が聞こえてくる。俺たちはただの『水瓶』ではない。長いながい間、みなと一緒に生きてきたではないか。湖面を渡る風もすすり泣いている」

これは西頭《さいとう》徳三先生（現・富山大学学長）の言葉ですが、これこそが夫が言いたかったものではないかと思います。

はじめは、村人全員がダムに反対したといいます。でも「川下の人々の幸せのために、ダム建設を認めてはもらえまいか」という、たっての願いを受け、結束の固かった反対運動の囲みは解かれたと言われています。昭和四二年（一九六七）、数々の歴史を秘めてきた刀利谷は湖底に沈み、豊かな山村の面影はなくなってしまいました。そして今となっては、このダム建設によって涙をのんだ人々がいたことは、忘れ去られてしまっているのではないでしょうか。

全集落が浄土真宗の教えを受け継ぐ刀利村には、「土徳の精神」といわれるものがありました。それは、自然や伝統を大切にし、人間を超えた力に生かされていることに感謝し、謙虚に生きること。そして、他人のため、みなのためになることなら己《おのれ》の利益よりも、そちらを優先しようとする思いやりの精神をとても大切にした文化でした。郷里をこよなく愛する心とともに、他の力になりたいと思う心をもっておりました。ダム建設への苦渋の決断も、そのような精神に貫かれてのものだったのではないでしょうか。このような精神は、生前の夫からもひしと伝わってまいりました。

私も、こうした膨大な文章や貴重な資料を、夫とともに後世に伝え、残しておきたいという遺志を継いで、娘寛子の協力も得ながらここにまとめさせていただきました。

出版にあたりましては、ご協力を頂きましたみな様に心より感謝申し上げます。そして時潮社社長の相良景行様にはいろいろとご助言やお力添えをいただきました。また編集部の西村祐紘氏、加藤賀津子さんには刀利に深く心をよせていただき、きめこまかく編集をしていただきましたことに心より御礼申し上げます。ありがとうございました。

平成二二年八月

谷口典子

もくじ

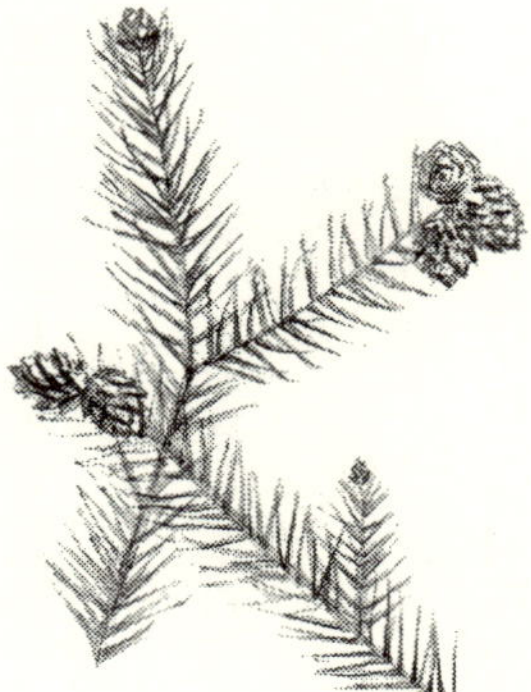

こうようざん

ざぜんそう

イラスト・谷口寛子

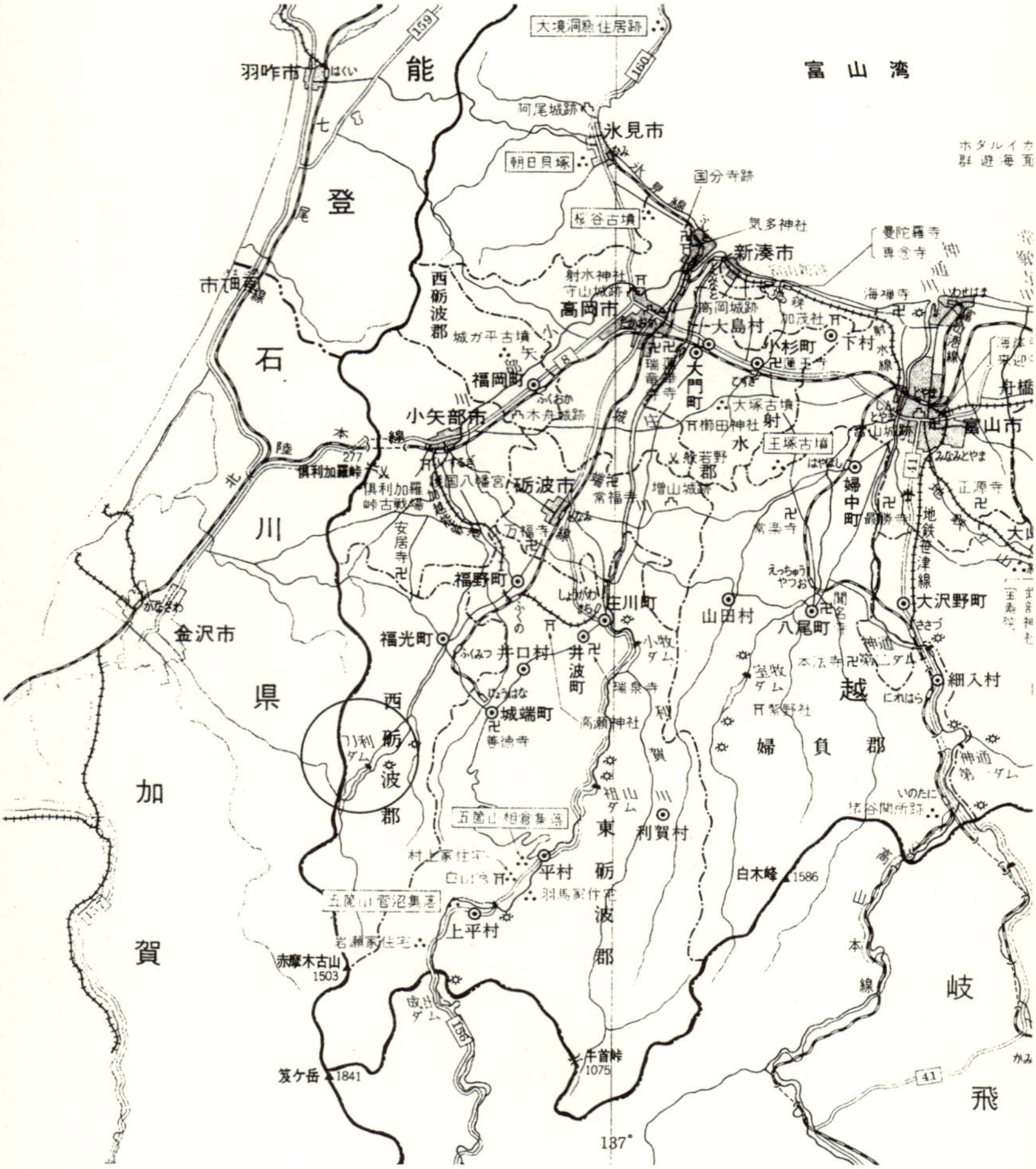

富山県西部地図 （『富山県の歴史』山川出版社より）

一　ふるさと刀利

手前の木立の奥が谷口家（著者の家）、右前はお蔵

1. ふるさと刀利村

自分の先祖がどんなであったのか、どんな暮らしをしてきたのか、村の様子はどのようなものであったのか。それらは時代の流れとともに少しずつは変わってきたであろうが、その変化は現代の人々の感覚からみたら、想像もできないほどゆったりとしたものであっただろう。

そのような中で、わがふるさと刀利においては、戦後まもなく、長年の悲願であった川下流域の干ばつや洪水の被害から農業を守るため、また、水力発電による経済復興のため、ダム建設の計画がもちあがった。このダム構想は戦前から密かに計画されてはいたが、第二次世界大戦のために棚上げされていたらしい。

奇しくも、刀利ダム建設の計画が持ち上がると同時期に池田内閣の所得倍増計画が出、日本の経済は、技術革新とともに世界にも希有な高度成長時代を迎えたのであった。けれども、それによって人々の暮らしも、価値観も、心の内面も、一大変革を遂げてしまったのである。

刀利の先住の歴史などについては、戦国時代末期に刀利の周辺を支配していた佐々成政《さっさなりまさ》の命を受け、監視のために刀利に入居し、次いで加賀藩前田利家の時代から明治まで肝煎《きもいり》（村落の代表者、西日本では庄屋、東日本では名主、東北・北陸地方では肝煎と呼んだ。人の世話をしたり、二者の間を取り持ったりして、いろいろと「肝を煎る」、「神経を使う」ことが多いことからきた名）として、

ダムに沈む前の小矢部川の流れと道と集落

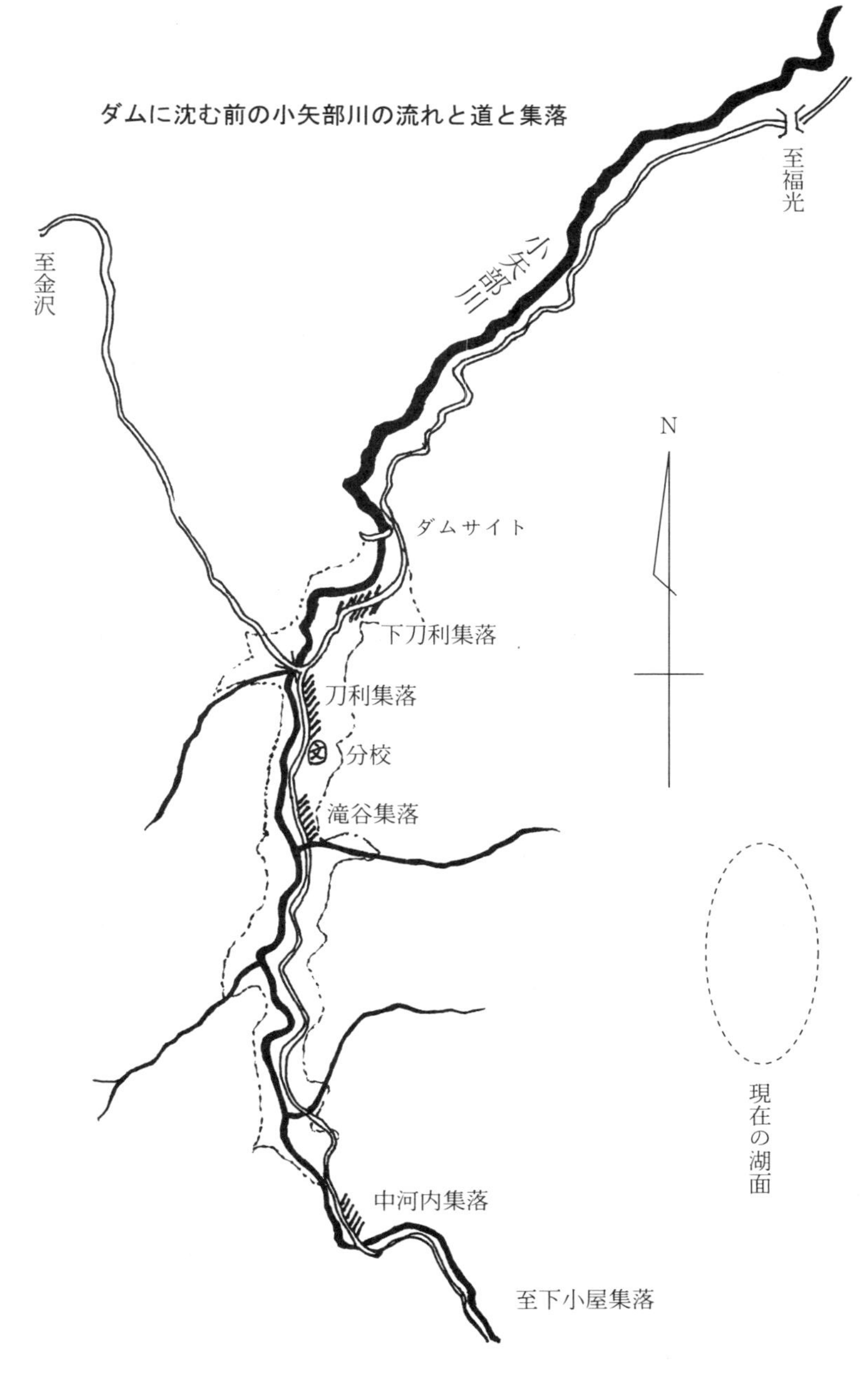

また、その後もずっとダム建設時まで刀利に住んでいた宇野家の末裔の宇野二郎さんが著した『刀利谷史話』に、太古の時代からのことが詳細に記されている。

また、時代を下ると、刀利の地に初めて入所したと言われている草分けの三人衆（谷口半左衛門、南伝右衛門、坂下吉右衛門）の末裔の一人である南源右衛門さんが、その祖父から語り伝えられてきたものを書き綴った冊子や、刀利の風俗・四季を詠《うた》った『刀利甚句』等がある。

ふるさとは遠きにありて思うもの……、これまで幾度となくわがふるさとの地・刀利を訪れたが、幼い時にみた懐かしいその山並みは、常に温もりをもって迎えてくれていた。今はその集落もダムの湖底、水面下に沈んでしまった。刀利ダムが完成したのは昭和四二年（一九六七）。昭和三六年（一九六一）九月二〇日に解村式が行われてからすでに半世紀近くもの歳月が経過、当時の様子は二度とみることはできない。

世代や、時代の経過とともに、四季折々そこを訪れる人々が、湖水やそこに映し出されている山並みや風景を堪能している限りにおいては、その湖底に、長い、なが～い間の歴史のドラマがあったことなどは、誰も想像しはしない。

ここには千年以上もの永い間、幾世代にもわたって、定住し、住み続けてきたわが集落の先祖たちの奮闘や、その暮らしぶりがあったということ。しかし、この静かな山あいの小さな集落も、時には群雄割拠の戦国時代には、戦略上重要な所であったことから、平穏な生活を奪われ、さまざまな戦乱に巻き込まれ、翻弄されてもきた。しかし、そうした戦国の時代を含め、幾世代にもわたり、生き抜いてきた歴史のある集落であった。

私たちは時代が異なっても、祖父母やその先祖たちが同じ土地に住み続け、忍耐し、努力して築き上げてきた代々の大地と、そこでの喜びや悲しみ、そして苦しみなどの心を思い、偲び、そして感謝しなければならない。それは今日あるわが身は先祖の血と汗と努力の賜なのだから。

刀利は、ある時は秘境、ある時は桃源郷とよばれていた。幼少の頃、毎年定期的に巡回してくる富山の薬屋さん、お寺さん（お坊さん）、旅回りの芸人さんたちは、わが家で一夜の宿をとった。その時、赤々と燃える囲炉裏端での世間話の中で、いつも「刀利は極楽じゃ」「桃源郷じゃ」と言っているのを耳にした。

この時代はテレビというものはまだ存在していなかったし、ラジオでさえも、中学校に赴任してきた高野先生が部品を買い集めて作った五級スーパーが一台、学校の職員室に備え付けられていただけで、一般家庭には普及してはいなかった。夕食後は子どもたちも一緒に囲炉裏端に並んで、あるいは父母や兄弟姉妹の膝にのったり、抱かれたりしながら一家団らんを楽しんだ。

特によその人（来客）が来ると実に楽しかった。外部からはこの集落は山奥で、不便で、秘境ともいえる、近寄りがたい印象があった。それは福光方面からの場合は小矢部川沿いのノゾキと言われる箇所（現在のダムの箇所）が難所であり、金沢方面からは浅野川上流の板ヶ谷発電所を

過ぎたあたり（現在は採石場ができて、山を切り崩しているので視界が開けてしまい、当時の隧道や滝もなくなっている）から、秘境に入ってゆくという思いがしたらしい。子ども心にもこの両箇所は実に恐ろしく思ったものである。落石などを気にしながら、いつも小走りで通り過ぎた事を憶えている。

　しかし、そのノゾキを過ぎると視界が開け、遙か向こうに見える下刀利の集落、あるいは「刀利越え」といわれている丸山峠から一歩下ると、眼下に整然と並んだ上刀利集落がパァッと視界に飛び込んできて、ホッとする瞬間であった。

　上刀利集落の背後には千枚田、合戦田《がせんだ》、丸田、三枚田、五枚田、藐姑射《はこや》谷、くいもん沢・キリハタなどと言われる棚田がぎっ

小矢部川土手からわが家とソラヤマをのぞむ

しりと斜面を覆い、幾重もの田圃は実に綺麗な曲線を描いていた。ダムにならなければ現代においては観光資源ともなったような棚田であった。

集落の前には「前田」と言われる区画された広い田圃がひろがっていた。豊富な水に恵まれ、山峡の僻地ではあるが、小さく長細い盆地のようで、人口に見合った耕地面積や、ほどほどの緩やかな傾斜地は、豊かな作物の収穫をもたらしてくれた。また、まわりの森林は各種の木の実や山菜を、川からはイワナ、アマゴ、ゴリ（カジカ）などの川魚がたくさん捕れた。川下では、小院瀬見発電所の取水堰《せき》ができるまでは鱒や鮎も遡上してきて豊富に獲れたそうである。

その堰は大正三年（一九一四）にできて

から半世紀、刀利ダムの完成とともに役割を終え、昭和四〇年（一九六五）に廃止された。自然のままの環境を利用して、その自然の豊かな恵みにあずかって生活し、自給自足の生活ができたことは、「里の生活」よりも安定した営みができていたともいえるのである。それは、刀利には「出稼ぎという言葉はない」と言われたほど豊かな集落であった。

四方を山に囲まれた、こぢんまりとした山間地の、小さな盆地のような土地であったが、新開地のような政府の施策で開墾された土地ではなく、古くから隠遁者《いんとんしゃ》や落ち武者たちが安寧の地として求め、入り込み、住み着いたところであったのではないだろうか。外部からの出入りとしては三ヶ所の出入り口しかなく、またこの三方向から集落に入るには、いずれの道も途中に難所があった。

そこでこつこつと山林を切り開き、田畑を開墾し、歳月をかけて豊かな集落に築き上げたのである。わが家の先祖もそうした隠遁者ではなかっただろうか。それは刀利三人衆という名で戦国時代よりもさらに前に、すでに入所していたという言い伝えがあり、ソラヤマと言われる地名も、その昔には洞窟があり、仙人が住んでいたと語り伝えられていることからもうかがえるのである。

2. 村への道

第一は福光からの道である。そこは砺波《となみ》平野の一角で、穀物や織物の集散地でもあり、奈良時代には大和朝廷の荘園としても栄えた。そして江戸時代には加賀百万石の藩を支えたのである。その福光から四里、隣の立野脇集落からは一里余と距離的には一番近かったが、上刀利集落の中心から半里ほどの川下にノゾキと言われる断崖絶壁の難所があり、小矢部川を挟み撃ちするかのごとく、両岸に赤壁、黒壁と言われる急峻な山があり、外部と遮断されていた。

また、その手前には横平《よこべら》という急斜面があり、冬の間は医王山《いおうぜん》から吹き下ろす北西の季節風で吹雪が溜まりやすく、雪崩が頻発した。そこで冬道は雪崩の危険を避けるため、たかつぶり山の峰を越え、尾根づたいに隣集落の立野脇に下りなければならなかった。

そんな事情もあり、明治一六年（一八八三）、それまでの加賀藩（石川県）から富山県に編成替えされてから後も、四〇年余り、大正一三年（一九二四）馬車道が開通するまで、加賀（金沢）との交流が文化・産業面において盛んであったし、容易でもあった。

その加賀への道は第二の出入り口でもあり、「刀利越え」と言われた。戦国時代には隠れ道、いわゆる「間道《かんどう》」として使われた道だと言われている。集落前の急な坂道を登り、丸山の脇を通り、横谷集落から金沢へと通じる道である。

芝原や湯涌温泉へは二里弱、加賀百万石の城下町金沢の中心地からでも六里弱と比較的便利なため、戦国末期の頃は、佐々成政《さっさなりまさ》（天正八年〈一五八〇〉、越後の上杉景勝との戦いに備えるため、そして神保長住を助勢するため、越中〈富山〉に入国し、富山城主となる）らの武士たちが覇権を競い

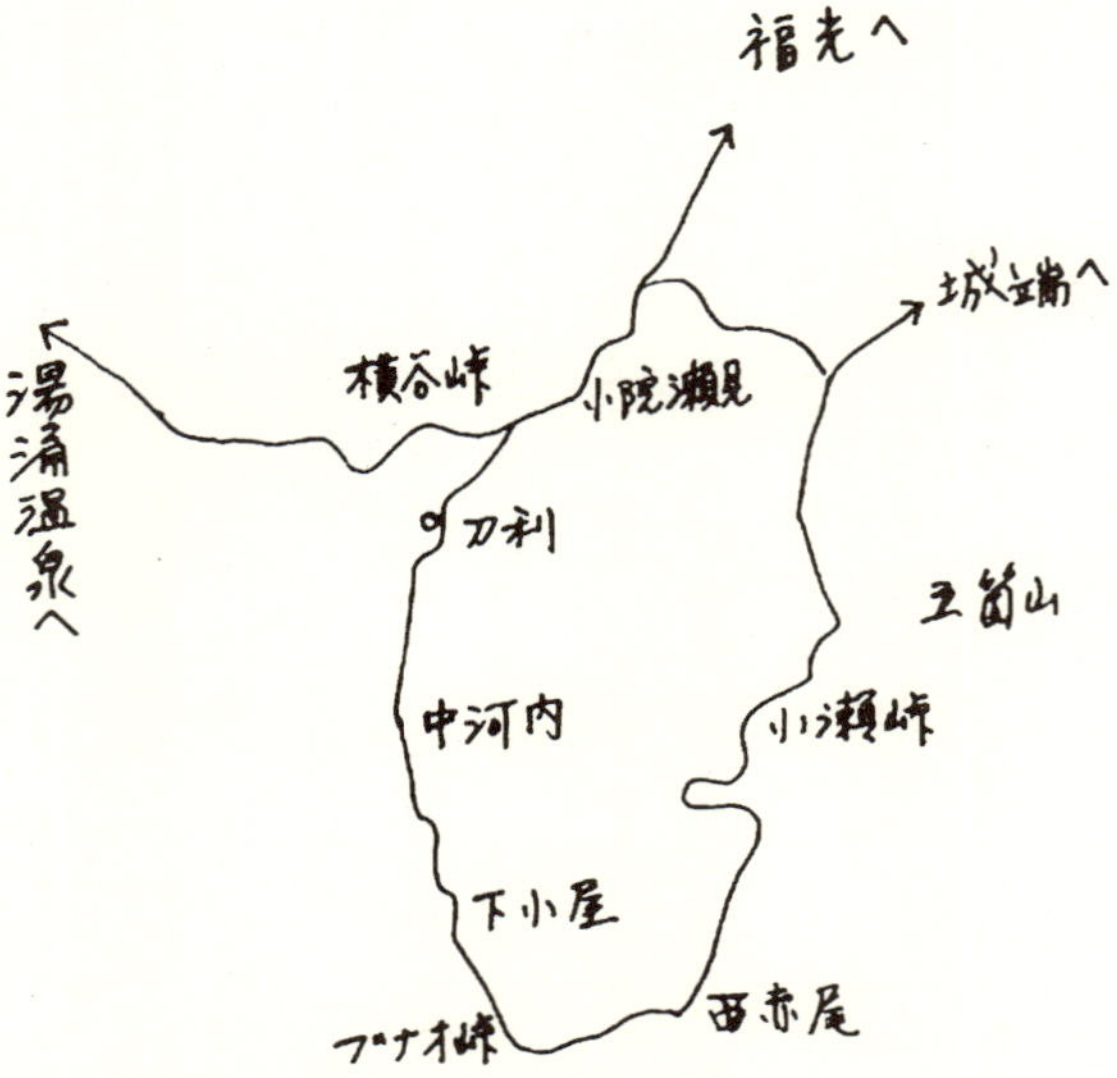

塩硝の道

合ったり、五箇山西赤尾の行徳寺の道宗（蓮如の弟子で五箇山の一村・赤尾に生まれた）らが吉崎御坊や尾山御坊へと繋く通ったりしたという。また、江戸時代には五箇山から加賀へ運び出す「塩硝《えんしょう》の道」としても使われた（火薬の原料である塩硝は、五箇山のものが品質的には一番だった。しかし徳川幕府との関係上、加賀藩では「煙硝」とは書かずに「塩硝」といっていた）。

　昔は加賀（金沢）から浅野川沿いに上流へ。芝原で湯涌の湯煙を右にみて、浅野川沿いにだらだらと上流に向かって奥地へと。いくつかの集落を歩き、板ヶ谷《いたがたん》集落を過ぎると、風景は一変した。両側から山が迫ってき、木が鬱蒼《うっそう》と生い茂り、一箇所隧道《ずいどう》（手掘りの小さなトンネル）があったが、その裏からは滝の音が不気味に聞こえてきた。板ヶ谷とは崖の谷の

横谷のババ滝（昭和35年・筆者と兄）

ことであり、昔は冬期には雪崩が多く、この道を避けてすぐ上の尾根越えをしたのである。

さらに横谷集落を通り過ぎるとまもなく、田圃が峠近くまでまっすぐに細長く続いているのであるが、戦後になるまでは峠のそばは笹が生い茂った道で、渓流とも見分けがつかない小道が峠の源流まで続いていた（この小道の右側には田圃が広がり、行政区域は石川県であるが、刀利の領有だった）。

車がなかった江戸時代には、歩き通した場合、金沢の中心地から四、五時間はかかったであろう。せせらぎの流れ、標高四〇〇メートルあまりか。峠というほどの高さでもないが、昔は「刀利越え」といって加賀（金沢）から五箇山へ抜ける最初の峠であった。この峠に立つと、眼下に集落が飛び込み、ホッとする瞬間である。

そこは白山系の大門山を南に遠望し、四方を山に囲まれた、小さな盆地のようであり、小矢部川が南北に流れていて、東の斜面、西の斜面にはそこに流れ込む各支流の谷があった。峠を駆け下るとそこには豊かな森林と、豊富な水資源に恵まれた刀利の村が、山裾に沿ってまっすぐ一列に、整然と並んでいた。

第三の出入り口は小矢部川の上流奥地。下小屋集落から大門山脇のブナオ峠を越え、五箇山、さらには美濃、尾張方面へと通じる道である。この道は現在の国道10号線で、山間地のため今日ではあまり重要視されなくなった。冬期には閉ざされているが、戦国時代には飛騨口と呼ばれるほど高山や尾張・美濃方面への近道として、また五箇山から金沢（加賀）への「間道」として、往来が激しかったという。

刀利はこれら三方向への通過点であると同時に、通らなければならない経由地でもあったため、群雄割拠の戦国時代には、武田信玄、上杉謙信、北条早雲そして織田信長、豊臣秀吉、前田利家、神保長職《じんぼうながもと》らの武士たちも、この刀利の地の土豪と関わっていたらしい。佐々成政や佐久間盛政、それ以前の戦国武将たち……、さらにそれ以前の歴史を溯ると刀利左衛門や森三十郎、谷内彦左衛門らが陣取っていたという。

戦国末期には監視役として、その後、江戸初期からは肝煎（庄屋）として送り込まれたという宇野氏の先祖たちは、佐々成政や前田利家の命で刀利に入所、住み着いたという。戦国の敗残者は追っ手から逃れ、さらに奥地の五箇山へと逃れたり、また江戸時代になると奥地の五箇山に幽閉された多くの人たちの逃亡を監視したり、あるいはその五箇山からさらに先、尾張・美濃との情報連絡を監視したりする要所でもあったと言われている。そのために、刀利をしっかりと手中におさえておこうとしたのである。地名にも刀利城の城山、城之腰、合戦田、的場《まとば》、とりげ（砦・とりで）、頭切山（刀切山）、サンマイ谷（三昧《さんまい》・埋葬）等々がある。

3．集落の様子

集落は南北一列に東側の山裾に沿って各戸の母屋《おもや》が並び、その母屋は何百年も続いた茅葺《かやぶ》き屋根の大きな建物が多かった（早くから瓦屋根に建て替えた母屋もあったが）。また、母屋とは対照的に土蔵（お蔵）や納屋はすべて黒瓦をのせた屋根で、貯蔵とともに、火災に対する防御も完全で、建坪は大きく、いずれも二階建ての堅牢で立派なものであった。納屋は母屋とともに作業場をも兼ねていたため、建坪は大きかったのである。

それは自給自足の生活だったので、飢饉に対する備えを万全なものにするためのものであった。それぞれの家の前には広い庭があり、その先に田圃が広がっていて、田圃の真ん中には一本の県道が南北に走っていた。そして一番西側の山裾に沿って小矢部川が南北に流れていた。

集落の端から端まで堤防が築かれ、真ん中が広くふくらんでいて、集落の家々を結ぶ庭から庭

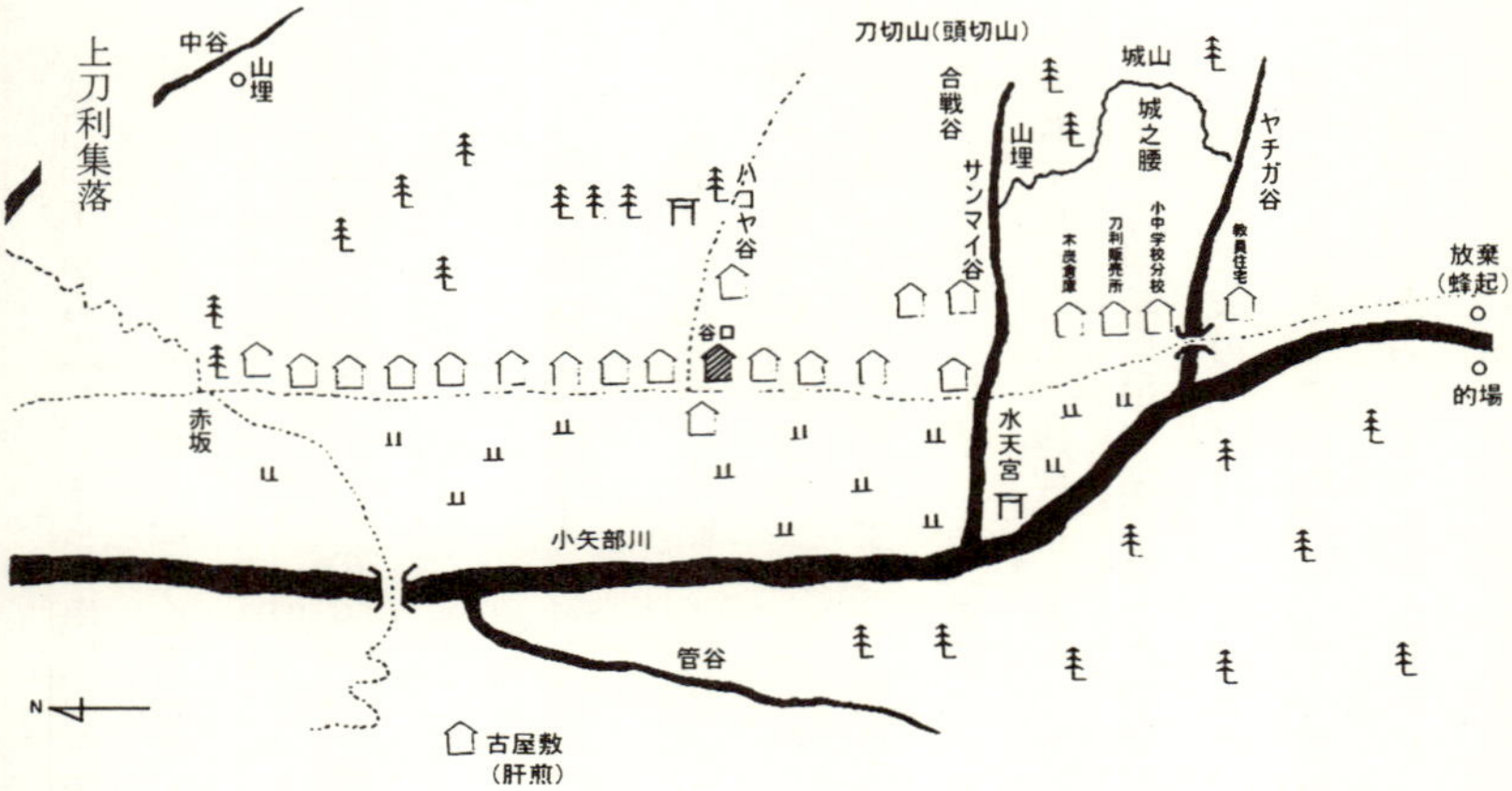

ありし日の上刀利集落　※1

への道、県道、そして堤防の上を走る土手の道、この三本の道は集落の出入り口で東西からの山が迫っていたため、一本になっていた。

集落の南側半分には、千年の歴史をさかのぼるところの、最初にこの刀利の地に入った草分け三人衆といわれている家々と、その分家の人たちが居を構えていた。そしてその昔ソラヤマが大崩落してできたという緩やかな扇状の傾斜地には、棚田ともいえる小さな田圃が多く広がり、さらにその上の中腹から奥には藐姑射谷《はこやだん》、キリハタ、城之腰《じょうのこし》と言われる比較的大きな田圃と畑とが奥深くまで広がっていた。

また、ずっとその奥へと休ん場《やすんば》、中平《なかんじゃら》、大《おお》平《じゃら》と山を登りながら越えてゆくと臼中集落、さらに連山の向こうには秘境の五箇山へと続く道が通っていた。しかしそこへは、長い南北の連山にはばまれているため、この山々を越えて人が往き来することは不可能であった。ただし、冬も終わりに近づく三月頃には、雪がカチカチに硬く締まるので、雪上を容易に歩くことができた。そこで、鉄砲を持った狩人などは熊やムジナを獲りに山深く、臼中集落近辺まで行き来していた。

一方、集落の北側半分の家々は歴史が浅く、戦国時代に中河内集落や西赤尾などの各地から入村した人が多いといわれていた。これらの家々の背後地は急峻なソバッブ（蕎麦粒）山が迫っていたが、雪崩を防ぐためと思われる大木の森林におおわれていたために、雪害に遭うこともなかった。

またその南端の急峻な谷内ヶ谷の赤壁に接しては城山といわれる小さな山があった。この山を攻めるにはその左側の合戦田と城之腰を攻略しなければならなかった。小矢部川より西側沿いには畑が多く広がり、さらに西の山の傾斜地には田畑や杉林が広がっていた。実りの秋には集落は黄金色に染まり、豊かな実りを享受できた。

九月中頃からはその稲を干すために、集落の前には家々で毎年作る稲架《はさ》が何面もはられ、村中がまるで要塞のごとくであった。稲架の向こう側には何があるのかまったく見通しがきかないほどで、秋も深まって稲架を取り外すと、村中がパァッと明るくなった気がしたものである。

山峡の土地にしては耕地面積も比較的広く、陽当たりも良く、なだらかな山あいには田畑、そ

金沢の兼六公園で。前列左が筆者（昭和24年 9 月29日）。

の奥には深い森林があり、山紫水明で豊富な山の幸にも恵まれていた。自給自足の時代にはそこに住む人々の暮らしは里の生活よりも安定しており、最初に住み着いた先祖にとっては、里に比較的近いながらも外部からは遮断されており、奥の山に登れば里の様子を伺い知ることもできるという、その自然環境は、永遠の住処として落ち着いた良い土地で、結構満足できるものであったのではないかと思う（集落の前の丸山の峰、あるいは背後の休ん場から上に登れば、金沢の市街地や福光方面を遠望できた）。

幼い頃に歩いた金沢への道、福光への道。この道を母や、姉、兄等と連れ立って、金沢や高岡で行われた戦後の復興博覧会やサーカスを見に行ったり、金石《かないわ》・粟ヶ崎《あわがさき》・雨晴《あまばらし》海岸・島尾《しまお》海岸・氷見《ひみ》海岸などへの海水浴に、また学校の先生や友達との遠足、本校との合同授業に参加するためにと、歩いた道。

この道を一歩一歩足を運びながら、往きは勇み足、帰りは疲れた重い足どりで。足を一歩ずつ前に出さないかぎり、遙か向こうの山裾のわが家へはたどり着けないんだと思いながら歩いた道。そんな時、石蹴《いしけ》りをしながら小石を前に飛ばし、先を競っては家路への足取りに元気付けをさせようとした道でもあった。

福光方面からは、小矢部川沿いにまっすぐ先に見える山裾のわが家を目指しても、平坦な道のりではそんなに遠くはないのに、道はくねくねと支流の谷間を大きく廻り、すぐ谷間の先一〇〇メートルにはこれから通る道が見えるのに、大曲、小曲、ネネガ谷、すすき谷、大谷などをU字型に大きく迂回していかなければならなかった。

ここに橋があればなあ……、羽があったらなあ……、棒高跳びなら一跳びでゆけるのになあ……、といつも話しながら通った道。そして、中河内分教場や下小屋分教場、不動滝への遠足などで歩いた道。これらの道を通るたびに覚えた地名や集落の名前には、今思うと、実に多くの古い伝説や戦国時代を連想させるような名前があった。

その後、昭和二〇年代も後半になると自転車が次第に普及し、さらに今日では車で三〇分もかからないで、あっという間に着いてしまう。それこそ金沢からだと、トンネルでもできれば、中心市街地から二〇分もかからずに着ける距離なのである。車社会になってわれわれは点と点とを

刀利ダム水没３ヶ村と廃村となった２ヶ村　※２

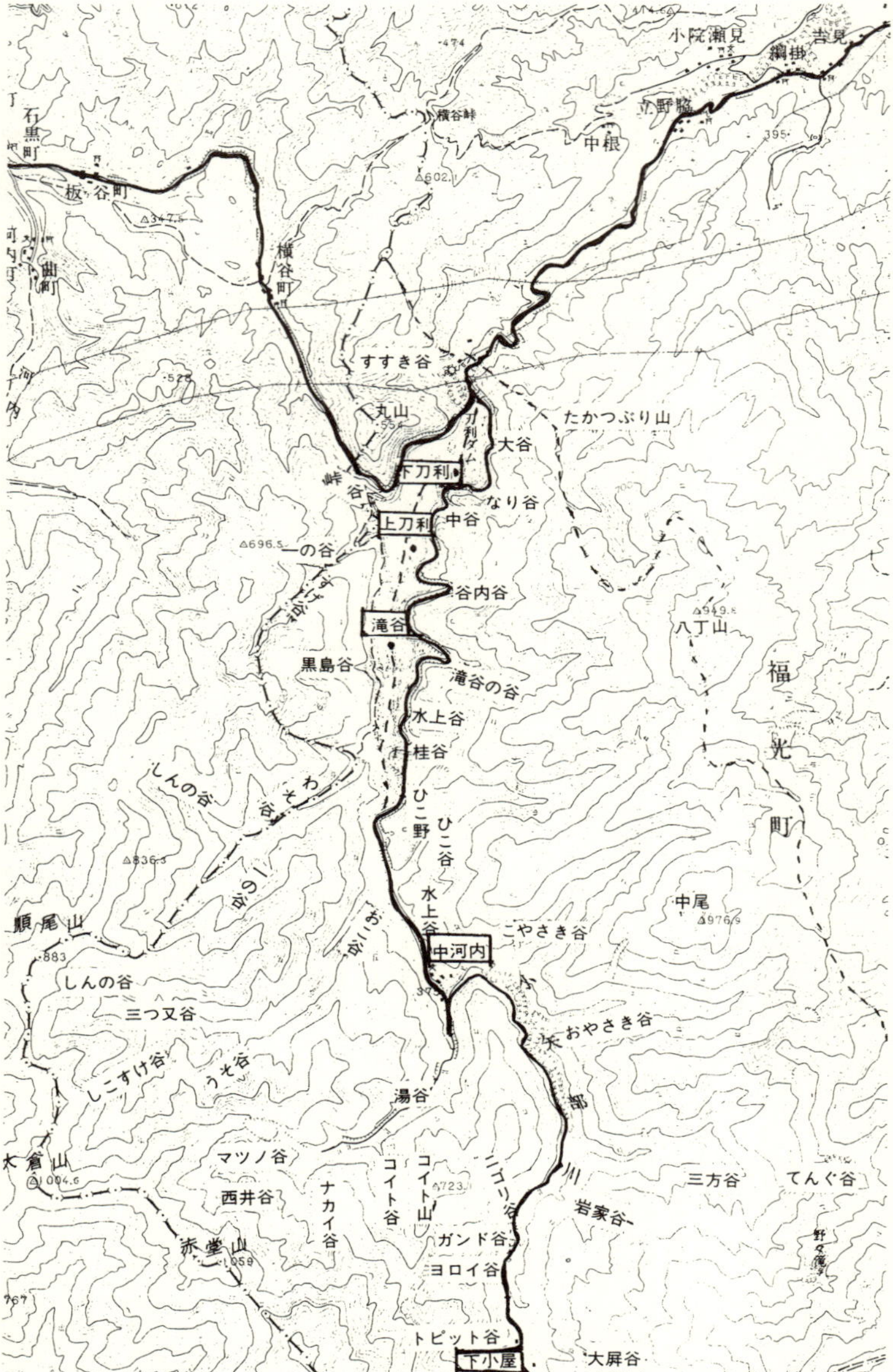

結ぶだけで目的を達成してしまうので、その線上にあるたくさんの先祖の大切な歴史の重みを感じることが少なくなってしまっている。

しかし、今やわが先祖の中心地・刀利はすっぽりと空白になり、湖底に沈んでしまい、その様子を覗くことは永遠にできない。

4. ダムの湖底へ

このように、刀利の地は幾百年、それこそ千年以上も前から隠遁者として移り住んだ人たちが、豊かな山の幸、川の幸とともに、稲作や畑、炭焼きといった、農業と林業とによって生計をたててきた。自然を愛し、土地に愛着を持ち、静かに暮らし、先祖からの土地を幾世代にもわたって大切に受け継ぎ、開墾拡大し、ある時は洪水や干ばつの被害に遭遇しながらも、それを克服し、守りぬいてきた自給自足の豊かな土地であった。

山峡の地ではあったが集落の中は耕地面積も広く、豊かな実りを享受できたのである。また、もともと加賀百万石の支配下にあったため、その文化の影響は大きく、貧富の差も少ない、安定した生活であった。その豊かな集落がダムにより、千年ともいわれた土地に歴史の幕が降ろされ、湖底に永遠に沈んだのである。その光景はもう二度と見ることができない。

刀利集落は小矢部川に沿って一列に並び、中心部がふくらんだ瓢箪状の地形で、下流の「ノゾキ」という場所はそれぞれ赤壁・黒壁といわれる強固な岩盤でできていた。また、東西からは山が迫っており、まさに水を塞ぎ止めるには恰好の地であった。さらに、下刀利の神社が鎮座する小山には岩盤でできた張り出しがあり、この蛇行は上流からの圧力をやわらげ、ダムに加わる力を低く抑えることができるという、副次的な効果もあったといえるのではないだろうか。

川下流域では何百年にもわたり毎年のごとく、洪水や干ばつなどの被害に悩まされ、それに耐えて何度も何度も立ち向かい、克服しようと努力してきたのであるが、それにも限界があった。繰り返されてきた農業用水の不足と干ばつによる被害損失は計り知れなかった。特に昭和二八年（一九五三）の集中豪雨は激しかった。

また、戦後の食糧不足から、その食糧の供給基地としては、広大な立野ヶ原の陸軍演習場の荒野を開拓し、その土地の灌漑に、さらには水力発電による電力供給をという、多目的総合開発の必要性がその頃から叫ばれはじめた。昭和三一年（一九五六）三月には松村謙三代議士を迎え、小矢部川水系総合開発促進期成同盟会の結成式が役場で行われた。

これに対して水没する下刀利、上刀利、滝谷の各集落、奥山に孤立する中河内、下小屋の住民たちは、ダム建設反対期成同盟会を作って、結成式の式場前で「刀利ダム絶対反対」ののぼりをたてて反対をした。しかし、県知事の視察、松村謙三代議士によるたび重なる説得、特に、「川下の人々の幸せのために、ダム建設を認めてはもらえまいか」の言葉に、住民たちは首をたてにふるしかなかった。

　こうして、己のためよりもみなの利益を優先させるという、刀利谷の人々が永い間培ってきたところの「精神」によって、昭和三五年（一九六〇）、ダム建設が決定された。そして三六年（一九六一）には調印式が行われ、次々と調査が進められていった。現地にはじまり、水没山林や宅地、そして家屋へと。

　その後は慌ただしく永年の家財を処分し、整理し、大量の先祖伝来の品々を焼き払った。そして最後に残された家を焼いた後、昭和四一年（一九六六）一二月一一日、仮排水路が締め切られ、貯水が始まった。そこに水がひたひたと貯まり、村が湖底に沈みゆく風景は感慨無量だったのではないだろうか。ここに、これまで肩を寄せ合い、千年ともいわれる間、苦楽を共にしてきた平和郷は、幕を閉じることとなった。

　毎日毎日、徐々に水没し、長年見慣れた田畑の風景や木々がしだいに水の中に沈みゆく姿。そこに青い水面が広がっていく。昨日はあの橋が沈んだ。今朝起きると葛沼が視界から消えていた、と。湖底に沈みゆく様子は、そこに毎日立ち会った姉夫婦にとってはひとしおの思いがあったという。その様子を、湖底への最後を一部始終見届けた姉は、後に次のように話してくれた。

「あれは昭和四一年（一九六六）一二月中頃より一次貯水が始まった。工事も終わりに近づき、いよいよ水を貯めるということで、この年は私たちも永年住み慣れた滝谷集落から引っ越さねば、水につかるということで、家の新築もやっとでき上がり引っ越してきたばかりの時でした。主人は、私たちが最後まで住んでいた土蔵や、集落の残骸の後始末。集めては燃やし、貯水した水を汚さないように、少しでも残しては大変と、毎日一生懸命でした。

そんな中、今日から仮排水路を締め切るという。『さあこれで、いよいよわがふるさとが水の底になって二度と見えなくなるのか』と思うと、淋しさで、胸がいっぱいになりました。その時の水は赤く濁った泥水（土水）で、今思えばちょうど静かな津波が押しよせてくるように、徐々にひたひたと音をたてて、上流に向かってさかのぼっていく感じでした。

ノゾキから始まって、お宮の下、バンドジマ、チュウダン（中谷）、北の浦、刀利の前場と水没していく。涙が止まりませんでした。誰かに知らせたいと思っても、当時は今のようにいきません。電話も車もなく、悔しい想いをしたひとときでした。」

5. 湖底からの叫び

姉の夫は、ダム建設の計画提示の発端から、ダムの完成後も、終始、水没した滝谷・上刀利・下刀利の元集落のその後の事務を引き受けて、委員長として県や国との交渉に日夜尽力してきた。また、移転した刀利集落の高台から、水没の情景、ダムにまつわる一部始終の生き証人として、

ダムサイトの手前側には住居跡らしき基礎のあとが見える。

住居跡らしきものを拡大したもの。往時そこには
さまざまな家族の生活があったであろう。

棚田とおぼしき跡が見え、神社への階段とも思えるような幅の広い階段状の跡もみえる。往時の人々の生活の様子を偲ばせる。

日々目の当たりにしてきたのであった。

それぞれの家の先祖が、寄り添い、額に汗をし、培ってきた刀利千年の歴史に終止符が打たれ、それぞれが離ればなれになり、思い思いの新天地を求めて、期待と不安にさいなまれながら離れていった。それは千年の歴史を清算するにはあまりにも大変であり、大きな仕事であった。

慌ただしく、分別や整理もままならないまま、母屋や蔵、納屋の数々の品々を処分しなければならなかったのである。総けやき作りなどの立派な建物は売却され、新天地へと移築されたり、代替地に持って出て行ったり。故郷の地で工事中は宿舎として活用されたが、その後は解体され、焼却され、灰燼と帰してダムの底に沈んだりと、そのいく末はさまざまであった。

その後、何十年かの後、空前の大干ばつにおそわれた平成六年（一九九四）夏、ありし日の面影を残した湖底が現れた。偶然にもそれをインターネット上で目にした時、大きな衝撃を受けた。干上がった湖底の、そのあまりにも痛々しい姿は、そこに当時の面影をさぐるには時を刻みすぎていた。

何の動きもない満水の湖面からは、このような生活の跡が湖底深くに閉じ込められていることを、そして、そこで生き、生活していた人々の姿や家族の様子を想像することはできない。偶然現れた、いたいけないこのありし日の姿は、これからもずっと人知れずに湖底に眠り続けていくのであろう。

二　幼き日のわが家

金沢や高岡の博覧会の帰りに写真館で。前列右が著者

1．刀利村での先祖たち

わが先祖は福光町刀利《ふくみつまちとうり》の出身である。平成の大合併で南砺市刀利と表記されたが、かつての住居はダム湖の中央部分の湖底にあった。その本籍地は福光町刀利一五八一番地。昭和二七年（一九五二）の福光町への合併までの行政区分表示は富山県西砺波郡太美山村字刀利《にしとなみぐんふとみやまむらあざ》一五八一番地で、わが父親の代まで居を構えていた土地である。家督相続した長兄の代に、刀利ダム建設のため、移住やむなきに至ったのである。

本家の先祖がこの地に移り、住みついたのは鎌倉以前ともいわれているが、正確な移住年代はわからない。いずれにしても平成の時代からは七〇〇年以上も前から同じ刀利の地に住んでいたことになるのである。わが先祖代々の宗派である浄土真宗の中興の祖・蓮如が布教した時代よりも前の文明年間（一四六九〜一四八七）には、一向宗の門徒として湯涌谷《ゆわくだに》農民とともに医王山の惣海寺《そうかいじ》と石黒一族の両戦団と戦っているという。

それは、現代のように多種多様な職業があり、農家でもないかぎり世代が代わると住まいを同じ場所に固定することが難しい時代には、想像もつかないほどの永い期間なのである。しかし、昭和三五年のダム建設の決定により、先祖伝来の集落とその耕地は水没、本家も移転した。

わが先祖代々の門徒寺は慶恩寺《きょうおんじ》である（金沢市石引二−五−三〇）。慶恩寺は、浄土真宗東本願寺派で、延徳三年（一四九一）に創建された。蓮如の命で尾山御坊本源寺を守護し、本願寺が東西に分裂の際には、東本願寺側大谷派の「教如《きょうにょ》」につき、功により教如から自画自讃の寿像を賜っている。しかし慶恩寺は何度か火災に遭っているため、わが家の過去帳も消失しているという。

明治三年（一八七〇）、平民にも氏の称が許され、苗字が許可された。明治四年（一八七一）四月の太政官布告によって戸籍法が公布され、翌年の明治五年から全国で戸籍帳が作成された。全国的に戸数・人口の増減と生産・移動の状況を明らかにすることを目的として制定された。

戸長・副戸長が定められ、当地では藩政期の十村《とむら》（大庄屋・綱掛村の山崎兵蔵先生の生家）、肝煎《きもいり》（庄屋・刀利の宇野二郎さんの家）制度が廃止されたが、彼らはその後もその任務を引き継ぎ、事務を徹底するようはかられた。明治五年の干支《えと》・壬申にちなみ「壬申戸籍」といわれる。

当初は、従来の呼び名に馴染んでいたため、不安も重なって、苗字をけぎらいし、あまり普及しなかったようである。谷口の苗字も明治になって戸籍法が施行されてからである。それまでは「半左衛門」が屋号であった。戦国時代より前の上刀利集落の先住者は三軒、半左衛門《はんざえもん》（谷口）、伝右衛門《でんにょもん》（南）、吉右衛門《きっちょもん》（坂下）の先祖たちで、「刀利の草分け三人衆」だったといわれている（滝谷集落の草分けも滝田伊右衛門ら四軒程度で戦国時代より前との話）。

わが先祖の谷口半左衛門の家は村の真ん中で、谷の入り口であり、水の便が良い場所だったので「谷口」。南さんはその南だから「南」、その昔はオモテヤチと言っていた（南側のことをオモテとも言った）。

明治の初期までは小矢部川は東側を流れ、南さんの下で淵となり崖となっていたという。それで坂下さんは南さんの所から坂道を下りた崖の坂下にあったから坂下。戦後、坂下さんが井戸を掘った時、河原だったことを証明する川石や砂利の層が出てきたのをみた。井戸掘り屋さんがその話をしていた。

祖母の生家は村中九郎左衛門（通称・九郎左といって古くは半左衛門の分家）で、村の真ん中なので村中といい、谷口半左衛門の北隣（左隣）に接していた。昭和初期の頃、北海道へ移住。その跡に私が四、五歳の頃、谷内栄松さんが村の北はずれから移転してくる。

わが先祖が居を構えた場所は、水の便や陽当たりもよく、占有する土地の位置や面積も広かった。そして、わが屋敷林のけやきや栃の木は、その年輪から察するに、ダム建設当時で樹齢六〇〇年以上は経過していたようである。わが家のすぐ上に隣接する白山神社の杉の大木の樹齢ともほぼ一致する。明治一五年（一八八二）、東本願寺の御影堂に寄進した白山神社境内の巨大なけやきの献木も周り一丈（三メートル）、長さ七間四尺（一四メートル）であったと南源右衛門さんや宇野さんの資料に記されている。

南北一列に並んだ集落の南側半分は、伝右衛門さんと共に一番最初にこの刀利の地に住まいを

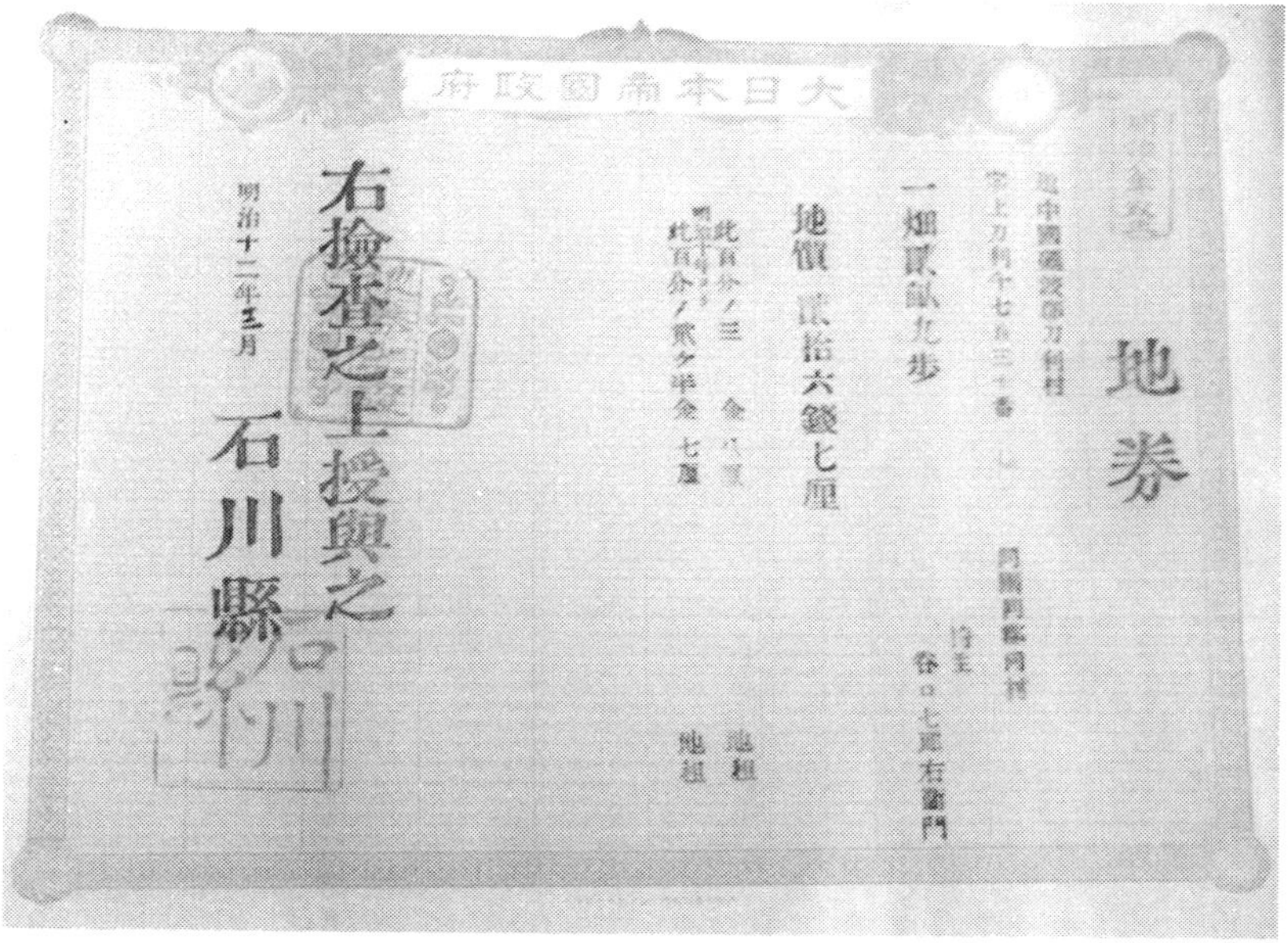

大日本帝國政府
地券
越中國礪波郡刀利村
一畑貳畝九歩
地價 貳拾六錢七厘
此百分ノ三 金八厘
此百分ノ貳ケ半 金七厘
地租
地租
同國同郡同村
持主 谷口七郎右衛門
右検査之上授與之
明治十二年三月
石川縣

明治12年の地券

構えた「刀利の草分け三人衆」と言われていたこの三軒とその分家などが占めていた。そして背後の山地は比較的緩やかで、田圃が奥深く広がっていた。集落の北側半分は背後の山が急傾斜であったが、大木の森林に覆われていたため、雪崩の危険はなかった。

そこには明治に入り、川向かいの古屋敷から移転してきた肝煎の宇野さん（戦国時代に刀利へ入所）や、木曽義仲が近江の国粟津で敗死後、その残党が、砺波山の合戦で共に戦った石黒氏を頼って逃れてきたが、頼朝の追っ手が厳しかったため、刀利まで逃げ込んできたという人たちや、五箇山の赤尾や、その他の各地から逃れてきた落ち武者らの末裔が居を構えていた。

2. 家族の歴史

門徒寺が焼失したため、先祖のうちで名前が分かっているのは、半左衛門からで、母の父の高祖父（祖父母の祖父）になる。過去帳に残る最初の名前で、天保五年（一八三五）に死去とある。母の父の曾祖父は慶応三年（一八六七）に死去とあり、母の曾祖父は明治一八年（一八八五）に死去した七郎右衛門で、地券なるものが残っている。これらはわが家の回出位牌《くりだしいはい》（法名を記す札板が入る箱がついている位牌）に収められている名前である。母の祖父、文右衛門は明治三五年（一九〇二）に死去している。

母の父、わが祖父は、刀利五ヶ村きっての学者で、蔵書持ちであったといわれているが、ダムになり、村を離れる時、蔵の書物や先祖の書き物、その他タンスや長持、桑の木でできた茶簞笥などのすべては焼却処分された。ダムになったことにより先祖伝来の品々を選別することなく、すべて失ってしまったのである。

祖父と父が建てた蔵と母屋

わが祖父は、後継ぎの父と共に母屋を建て替え、蔵も建て替えた。置き屋根方式の瓦葺きの土蔵は、祖父が精魂込めて建てたものである。しかし建ててまもなく死去した。

総けやき造りの居間と漆塗りの建物内部（右奥は神棚）

土蔵落成記念に撮った家族写真（昭和６年）

蔵は白壁の漆喰づくりで、内部構造は五ヶ村で一番と言われていた。また置き屋根方式は太陽熱を遮断し、内部の温度変化をくい止める構造だという。蔵の内部・外部の構造は、内部壁周囲は天井までぐるりと厚さ二寸、幅一尺五寸～一尺で、長さ三尺のけやき板で覆われていた。その外側は漆喰壁、そしてコールタールを塗ったカキ板、外壁上の半分は白壁、外側の壁と屋根瓦の下は土玉の壁、内部の温度は一年中あまり変わらず、夏でもひんやりしていた。

父は、先祖から受け継いだ財産を守り、よく働き、持ち前の器用さと健康で、四二歳までに茅葺き屋根が主流の村において、瓦葺き屋根に建て替え、名実ともに村の中心的存在として働いた。母屋と土蔵とを瓦葺き屋根にし、刀利五ヶ村の、後にも先にもないと言われるほどのけやきの木をふんだんに使った総けやき作りの、堅牢で内装の豪華な建築物を建てた。

けやきの木の植林は江戸時代に幕府が奨励したらしい。そのため各地方で屋敷周りや街道沿いの街路樹として盛んに植林された。わが家の幾世代も前の先祖たちも寸暇を惜しみ、農業の合間にそうしたけやきの木の植林をしたのであろう。その苦労のお蔭で、祖父や父の時代になって、あのような大きなけやきの木をふんだんに利用することができたのである。刀利のけやきの木は成長が遅く、ゆっくり育つので年輪が緻密であるため、良質のけやきとして名を馳せ、建築材だけでなく、家具や食器、什器などにも利用された。また、明治時代、京都の東本願寺の大修復工事の時にも白山社境内にあった巨木のけやきが献木されたことも有名である。

母屋の一階と二階には書院造りの床の間が三面あり、座敷は役人の宿泊、もてなしの場としても提供された。そしてその信条は生涯にわたり、「分相応」ということを言い、頑張っていた。「分相応」とは江戸時代に庶民が華美にはしることをいましめた加賀藩の施策で、浄土真宗の教えでもあるらしい。母も先見性があった人だったので、良き夫婦として二人三脚で頑張れたのだと思う。

父は実務肌で、何事にも手作り器用であった。藁仕事の綺麗さ、炭窯の小屋も均整のとれた形、

1階の床の間（蓮如上人の掛け軸）と仏壇のある客間

けやきの木でつくった餅つき臼や杵など。そして先祖から受け継いだたくさんの田圃を耕し、戦時中には食糧増産実行共励委員に任命された（昭和一六年〈一九四一〉二月一一日農林省）。

父は母家を建て、蔵を建て、祖父の死後すぐに今日のような大きな墓を建立した（今日、野田山墓地にある墓所は祖父久三が亡くなったその年の夏に、父外間が建立した墓石である。刀利ダム建設にともない昭和三五年刀利の地から移設したものである）。

ダム建設反対で連日の話し合い

昭和三〇年頃から刀利ダム建設の話が現実のものとなりつつあった。千年近くも延々と先祖から受け継いできた村の田畑、山林を、国家大計のダム建設のためとはいえ、自分の代で失うということは子孫として耐えられなかった。村の草分けという自負。当初は先祖と一緒にこの土地に永遠に残ると言っていたダム反対派の一人でもあった。

しかしたび重なる説得に、ダム受け入れやむなしの方向へと話がまとまっていった。ダム調印への話がまとまった夜、父の帰りが遅いので家族が心配していたら、朝早く仕事に出る村の人が田圃の畦でたおれている父をみつけてくれた。家族がかけつけると、父が若い頃から改修し、手塩にかけた田圃で帰らぬ人となっていた。暗い夜道のため、足をふみはずしよろけたのであろうか。時に昭和三四年（一九五九）八月二五日、享年七〇歳であった。

八人の子の母は働きづめの一生であった

母は、農業のかたわら各種反物の販売、薬の販売、ビールなどの酒類の販売などもやっていた。奥の中河内や下小屋集落の母さんたちは福光まで出なくても助かるといって買っていったという。また、養蚕《ようさん》の機械、機織《はたお》りの機械、足踏み式回転稲扱機《いねこきき》、籾摺《もみす》り機、米選機《べいせんき》、精米機、縄《なわ》ない機など、最新の合理化農機具を先駆けて導入し、村の愛国婦人会としての仕事もこなしていた。

繭《まゆ》の生産は明治末期から大正時代に全盛を迎えたが、昭和四、五年頃までその後は衰退した。母も繭の生育をするために資格講習を受けていた（富山県第八回屑繭整理法講習会、大正五年〈一

国防婦人会での母（前列左から４人目、旧国民学校校舎前で）

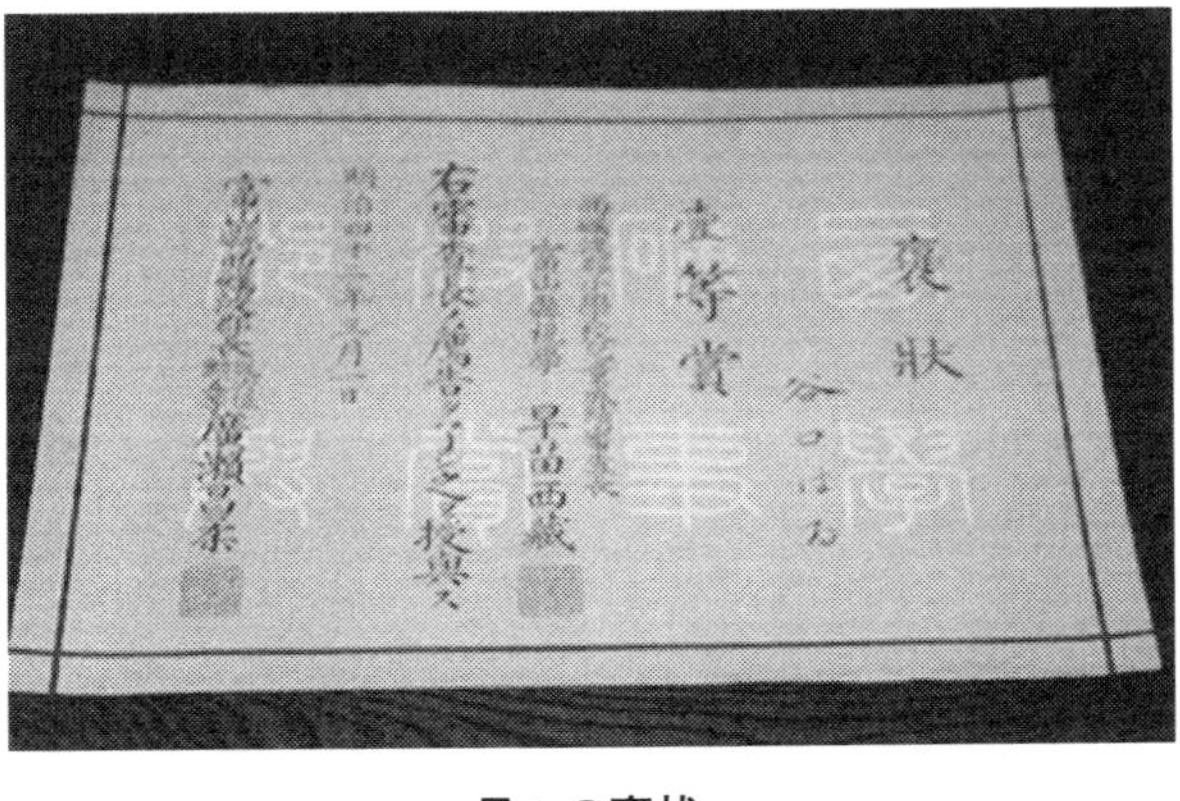

母への褒状

九一六〉)。私が五、六歳の頃までは母が時々機織り機をトントンと使っていたのを憶えている。糸つむぎを手伝わされたこともある。南側二階の作業場で冬の陽差しを浴びながら、機織りの機械を一緒に組み立てたり、その部品をいじって遊んだことを記憶している。

母屋の二階の作業場は南向きで両脇三間を残し、五、六間の幅は全面窓ガラスで、冬の陽差しはとても暖かく、一日中明るかった。染め物をしている姿は一度しか見たことはないが、北側二階の納戸や蔵に残されていた何十枚もの型紙と、いくつもの束になった竹ひごは、その昔いろいろと使ったのであろう。

わが家は女系家族で、特に昭和の大東亜戦争の時代には、母は八人の子を授かりながら、女の子ばかりで、村から戦地へと多くの男子が出征していくのに、ようやく末の方に生まれた男児の二人ともがまだ乳呑み児であった。村の旧家でありながら出征兵士を送り出せない。戦時体制下なのに国家に寄与できなくて申し訳ないという気持ちが強かった。

そんな中、昭和一七年(一九四二)頃から鉄・銅器類を供出せよとの国家の命令が出ると、母は進んで銅の花瓶や、鶴亀の銅製品等を次々と供出していった。そのため、村役場を通して何回も協力者としての感謝状をもらっている。

その母も、昭和二八年(一九五三)一月、病床で危篤の状態となった。その日の夜のことは、今でもはっきりと記憶に残っている。兄と連れ立って、危篤の知らせを隣村に嫁いだ三女の姉に

5人の姉たち

知らせに行く。当時はまだ電話というものが普及していなかった。

一キロあまり離れた嫁ぎ先の滝谷集落への雪道は、煌々とした満月に雪明かりが加わり、しんしんとした寒さの中でピカピカと反射し、輝いていた。そして山峡の山々は雪明かりで明るく、雲一つない満天の星空もチカチカと光り輝いていた。この夜道の風景は未だにはっきりと映像として記憶に残っている。

五女の姉が母の最期を枕元でみとっていた。昭和二八年一月七日、夫と五女に見守られ、母は五四年の生涯を静かに閉じた。母は二人姉妹の長女として家を守り、働きづめの一生であった。

兄や姉たちのこと

兄は、わが家の継承者ということで、子どもの時からいろいろな事を父から教わっていた。後継者として刀利の村を背負ってゆくのだという責任と自負とをもっていた。田畑の位置や境界、小さい時から炭焼きに行っても、折りにふれ、山の境界線や、昔から言い伝えで残されている山境の木などは絶対に切らぬよう、炭焼きの場所が変わるたびにしっかりと伝承されていた。

長女は、一七歳で結婚。隣村の立野脇へ。昔は分相応ということで、娘たちも近くの村の旧家へと嫁いでいった。

次女は、ナイチンゲールに憧れ、また戦時中だったため、早くから子ども心にもお国のために

軍人さんへたくさんの山菜を拠出（後列右から３人目が母）

なりたいということで看護婦を目指していた。金沢の門徒寺である慶恩寺に間借りしながら、寒い冬の日でも火鉢一個で鉢巻きをして勉学に励んだ。

父や母は木炭やお米・野菜を次女のいる金沢へせっせと運んだ。世の中そうした時代でもあった。そして希望通りに日赤病院の看護婦になった。

折しも戦時下、昭和一八年（一九四三）六月に、日赤富山支部より召集をうけ、二二歳の夏、満州（現中国東北部）の牡丹江《ぼたんこう》に渡った。

初めて踏む異国の地、覚悟はしていたものの、あまりの荒涼さに緊迫した空気を身体中に感じたという。後に、姉は、

「昭和二〇年八月九日の、日・ソ開戦時には国境に近い第一線の野戦病院にいたため、大変な犠牲者が出、献身看護につとめました。『みず

ー、みずー』と悲痛にうめきながら亡くなっていったたくさんの兵士たちの姿は今も目に焼き付いています」と語っている。

私は、隣村に嫁いだ三女の家にはよく遊びに行った。お爺さんや、お婆さんにはいつも面倒をよくみてもらった。毎年秋も深まった頃、年中行事の報恩講《ほんこ》さまにも招待され、子どもながら一人前の赤お膳をあてがわれた。たくさんのご馳走にいつも満足したものである。すぐ上の兄が高学年になってからは一人で行った。

ある年のお盆の時、素麺などをたらふく食べて、名物のドジョウの蒲焼きを、兄に持って帰ろうと思って横に取っておいたら、猫に横取りされてしまった。睨《にら》み付けてやったら、ニャーといって舌をぺろりとなめていた。黒・白の斑猫《ぶちねこ》で、目のくりっとした何とも憎めない猫であった。

私が六歳頃の、田植えが終わったばかりの晴天の日であった。姉の夫が軍隊に召集された。まだ若い青年であった。国防色の軍服に白たすきをかけ、学校の校庭で出征兵士の挨拶を行い、「勝ってくるぞと　勇ましく……」と村人たちから激励されて、戦地へと向かって行った。私も日の丸の旗を一生懸命振ったが、その後一瞬淋しくなった。

幸いなことに、戦後まもなく無事に帰還してきた。その後も田圃《たんぼ》の代掻《しろか》き（田の土起こし）等々、わが家のためにいろいろと世話をしてくれたり、いろいろな相談にものってくれ、精神的な面でも大変お世話になった。

四女は、隣村の旧家に嫁いだ。最初に滝谷集落に入った草分けという家柄。そこへお嫁にいった姉さんが「チョーハイ（朝拝《ちょうはい》・里帰りのこと）帰り」で家にきた時、蛇の目傘をもってきた。パリパリと傘を開くと、スッポンと軽快な音がして、油紙の香りがプーンと漂った。何とも言えない良い匂いだった。赤糸、青糸、黄色の糸は実に綺麗に編んであった。傘を何度も何度も開いたり、閉じたりして遊んだ（小学校一年生の頃）。義兄にも、冬支度での背戸の竹巻きなど、毎年お世話になった。

わが家の家督を継ぐべき長男がまだ幼なかったため、成人するまでは、五女はわが家の働き手として欠くことができない存在であった。戦後は小作人制度もなくなり、たくさんの田圃と畑を切り盛りし、良く働いた。数多《あまた》の嫁入りの誘いがあったが、家族の世話をしなくてはならないがためにそれらを断り、家のために尽くしてくれた。

六女も、年老いた父を助け、母亡きあと、家の切り盛りをしてきた。

家の仕事を手伝ってくれた人々

その他、家族ではないが、家族同様の付き合いをしていた豊次郎さんがいる。

下小屋集落に住んでいた時からわが家に出入りしていた。その後、金沢の小立野に移転したが、休日を利用しては戦前、戦後よく手伝いに来てくれた。馬を引き、田起こし、炭焼きがまでの楢の木や、栗の木の大木の発破《はっぱ》掛けと、本当によく働いて助けてくれた。発破を仕掛けて割れ目を作り、そこにヨキ（木を割る時に割れ目に差し込む楕円型の鉄）や楔《くさび》を打ち込んで割った。一回ごとの発破を終えるたびに父は無事を感謝し、合掌していた。

発破は大木の脇腹に直径二センチぐらいの穴をボートギリであけ、そこに火薬を詰め込み、導火線を引きだして土で穴を塞ぎ、離れた場所から導火線に火を付ける非常に危険な作業であった。今日のように電動のこぎりもなく、電動ドリルもない時代であった。ボートギリは穴あけがまっすぐになったころ、「やってみなさい」と言われ、良く手伝った。長い二尺余りのボートギリの先に横棒のハンドルを差し込み、ゴリゴリ音をたてながら回すのであるが、けっこう腕力を要した。でも大変楽しいものであった。

祖母の妹の夫も、田起こしの季節には必ず馬を引いて来てくれた。牛を預かって世話をしたこともある。冬には馬を預かって一冬中飼《か》い葉桶《ばおけ》の世話もした。藁を押し切り機でザックザックと一定の長さに揃えて切るのは案外と難しくコツを要した。麩《ふすま》（小麦を粉にひいたあとに残る皮）を振りかけて与える。床になる敷き藁を新しくしてやると馬は喜んではしゃいでいた。

田の代掻きで「マンガン」（馬鋤・馬や牛にひかせながら、田畑の土を細かく砕いて掻きならす農具）を馬に牽いてもらう時など、馬は人を良くみるので、私が七、八歳の子どもと判ると途端に早く走り出し、「マンガン」を支えているのが大変だった。どろどろの田圃の中を土から足を持ち上げるのが重くて、引きずられそうになり、「マンガン」にしがみつくのが精一杯だった。それでも一生懸命つかまり、バランスがとれるようになると、今度は「マンガン」にうまくぶら下がってスイスイと乗っているのがとても面白くてやめられなかった。しかし子どもでは馬が停まったりして効率よく歩いてくれないので、そんなにはやらせてもらえなかった。

わが家では、家（昭和五年〈一九三〇〉一部完成）や蔵（昭和三年〈一九二八〉完成）を建て替え、八反歩から一町歩近くの田畑を維持して、多数の人たちに手伝ってもらっていた。小作人を抱えていた時代もあった。また、山林も広く所有していたため、戦争末期の疎開時には、多くの人々がわが家に身を寄せた。

特に終戦直前の七月初旬から八月初旬の一時期には、金沢の親戚関係とその縁者ら七、八世帯の人々が集まった。朝晩流し場が一杯であった。森永製菓の従業員は終戦後お米や野菜をもらいにきた。いつも業務用の大箱に入った、たくさんのキャラメルを土産に持ってきてくれたので、もらうのが楽しみだった。

3. わが家のこと

わが家の家紋

わが家の家紋は、剣酢漿草《けんかたばみ》である。酢漿草の三つ葉には仏教の《慈悲と力と知恵》の意味があり、その間に剣が出ているのは日本人の、武士としての心を表したものである。また、酢漿草は雑草であり、繁殖力が旺盛なので、力強く生きて子孫を繁栄させてほしいとの願いもある。

戦国の時代には、わが刀利集落は太平洋側の尾張方面と日本海側の越中・加賀・能登を結ぶ最短距離で、出入り口に位置していたため要衝の地でもあり、絶えず戦乱に巻き込まれ、合戦場にもなってきた。そんな歴史的観点から先祖は、合戦で踏みつけられ虐《しいた》げられても、雑草として生い茂る酢漿草のように、そしてどんな世の中になっても、一大事の時には剣をもって戦い、生き抜いていくのだとの思いを込めて取り入れたものだと思う。そんな戦国時代には一向宗の一員として、農民でありながら武士となって戦ったようである。戦乱の時代を生き抜くには力も必要であると同時に、知恵や慈悲の精神も伴わなければならなかったのである。

建物のこと

昭和初期、父と母は、母屋と土蔵を新築。母屋を瓦葺き屋根にし、昭和五年（一九三〇）、一応の完成をみた。棟上げは、父が四一歳、母が三一歳の時であった。祖父は翌年の昭和六年一月に死亡。長女一二歳、次女九歳、三女六歳、四女二歳であった。長女は仮住まいの土蔵から嫁入りをした。

建て替えの時、ふんだんに使ったけやきの大木は、すべてわが家の屋敷のものであった。昔は

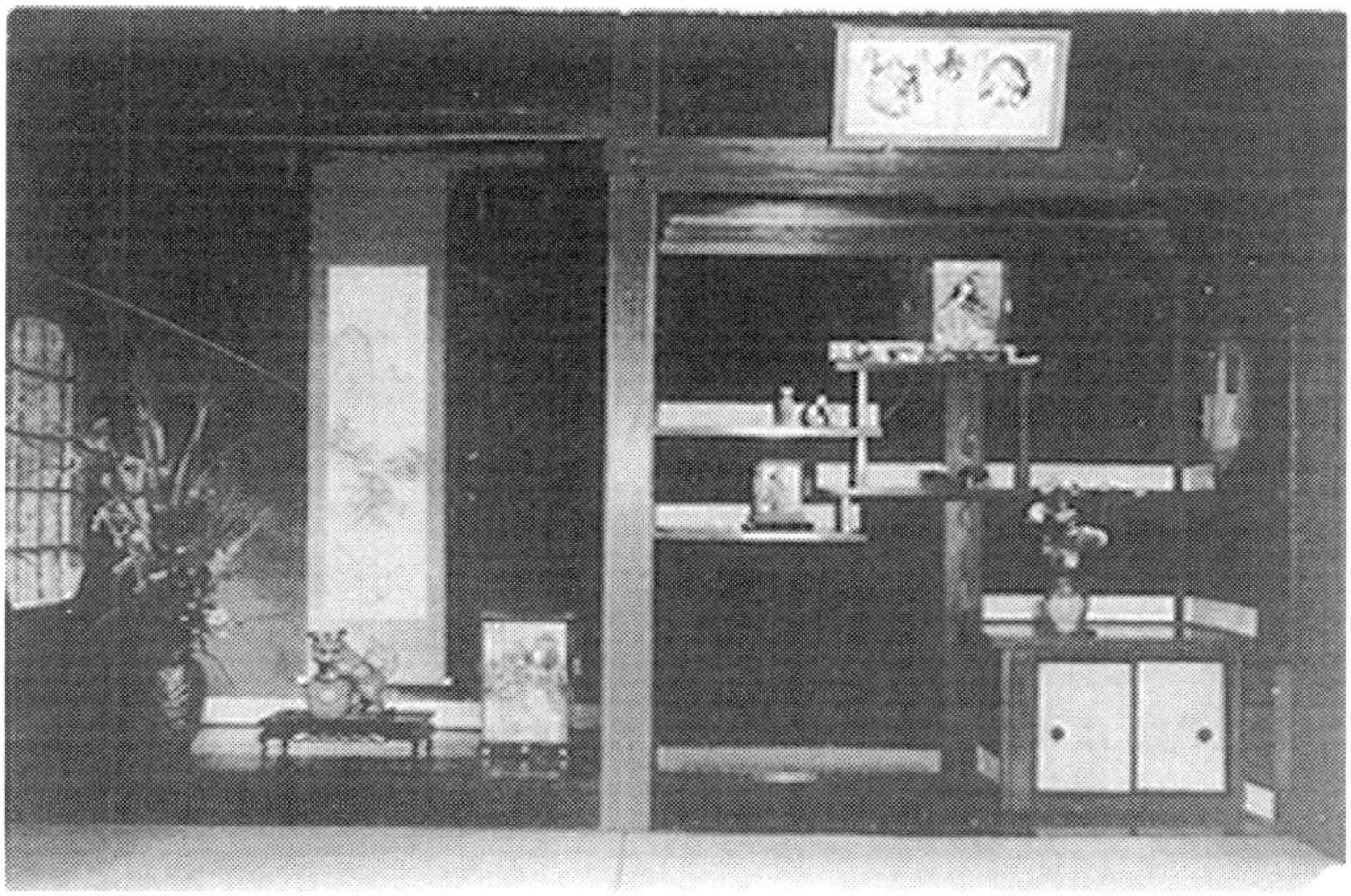

2階の床の間と違い棚

自給自足であったため、自分の所有する山林から調達するのが当たり前であった。これらはそれ以前の一〇〇年も前の、江戸後期に植えられたものであった。おそらく半左衛門や、さらに前の先祖たちが苦労して植えたものであろう。

江戸時代には藩の奨励でけやきの木を植林したという。その後も切り倒した後にはまた植林しているので、屋敷周りや近隣地域には大小さまざまな年輪のけやきの木があった。特に背戸の墓の周りのけやきの木々は幹の直径が一メートル以上もあり、代々残されてきていたので、樹齢三〇〇年以上は経過しているものと思う。

そのけやきの木を母屋や蔵の柱、梁、板、一枚戸等に用いた総けやき造りの建物であった。冬の間、毎日毎日木挽き職人が泊まり込みで、その大きなけやきの板を引き出したのである。冬山の現地で木挽きし、雪の上を滑らせて運ぶのであるが、何しろ当時の材木は大きなものばかり。大黒柱や棟木、梁の大木は多数の木挽き職人たちとともに、村人総出の人夫を借りだした。材木の引き出しには酒を存分に振る舞いながら、酒の力を借りて景気づけをしたという。

何年もかけて、毎年晩秋の雪が降る前には、母が何度も芝原の酒屋から四斗樽を運ばせたと、姉がいつも母の苦労話として語り伝えていた。それは、気性も荒く、頑強な木挽職人たちや、力自慢の材木引きの人夫たちをもてなす唯一の方法であった。毎日の仕事を終えて、酒盛りをすることだけが唯一の娯楽であり、楽しみでもあったのだ。それがまた明日に向けて気持ちよく働いてもらうためのものでもあった。

けやきをふんだんに使った大黒柱は言うに及ばず、四尺五寸幅のけやき板でできた一枚板に、朱色の漆《うるし》が塗ってある引き戸や、漆塗りの天井板。一、二階の客間五部屋のすべてが柱・天井とも朱色の漆塗りで、天井桟は漆の黒塗り。二階は三間続きの座敷で、さらに小さな控えの間があり、奥の座敷には裏の部屋への裏階段があった。

裏階段は取り外しが可能な隠れ階段で、抜け戸としても使える構造であった。左右両面の書院造りの床の間や、違い棚を備えた豪華な客間は役人の接待や宿泊に利用された。床の間の壁は青くキラキラ光っていて、幼い頃は実に綺麗なものだと思った。

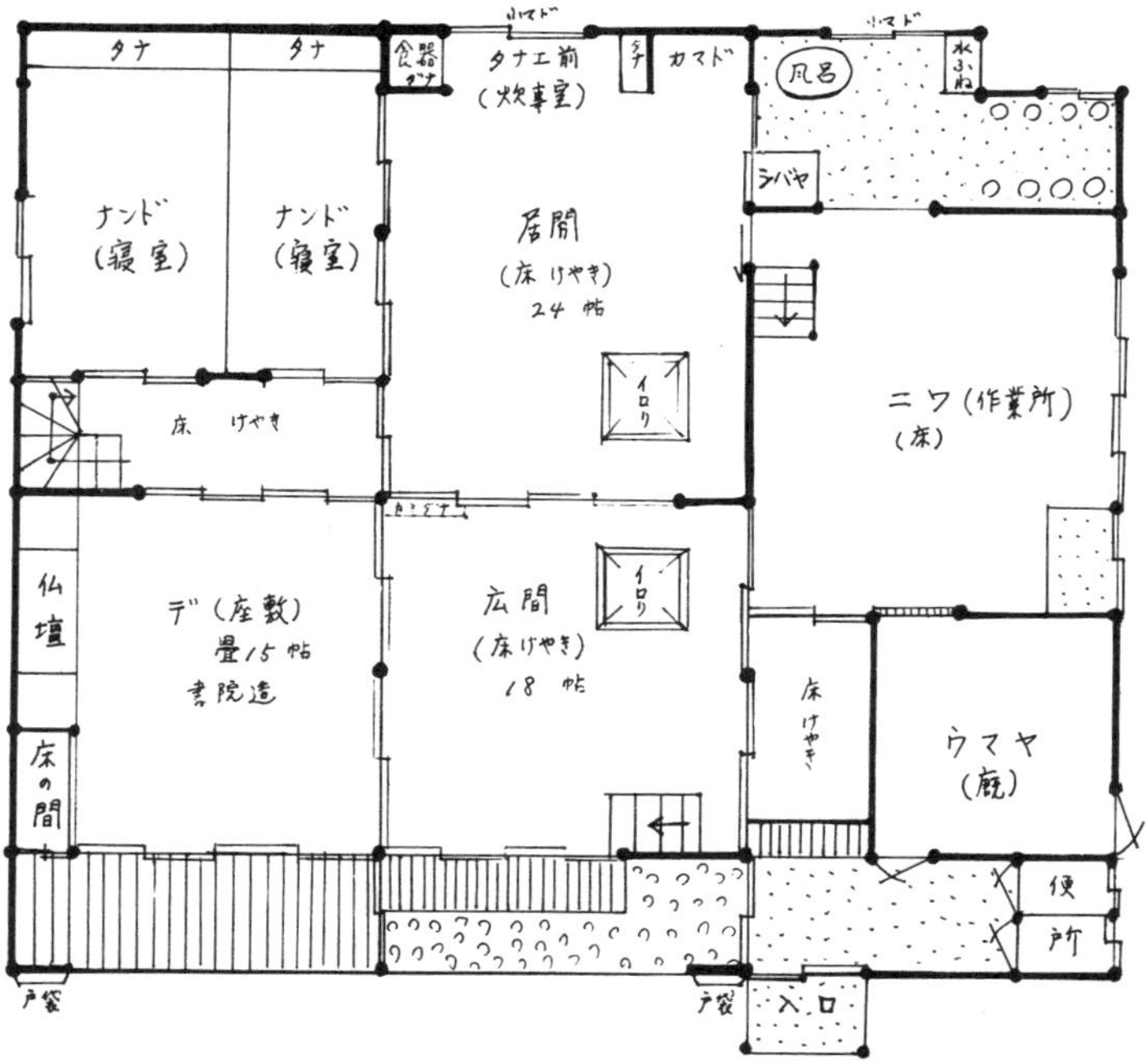

母屋1階間取り図

廊下の側面上部は白壁の漆喰で、
福光・刀利五ヶ村・五箇山近辺には
匹敵する家はないと言われた。四階
建て部分は作業所と倉庫。その奥の
二階納戸には一時自然乾燥させるた
めの什器（赤・黒のお膳や茶碗など）
の置き場があった。書物や賞状、ボ
ロや衣類、蒲団、染め物の道具や材
料もあった。各階の天井は非常に高
かった。四隅の軒の高さは西赤尾に
ある合掌造りの岩瀬家（重要文化財）
より一尺ほど高い三〇尺であった。
作業所・倉庫部は四階建てで、さ
らにその上の屋根裏には稲架に使う
太くて長い竹竿が五面分・二〇〇本
以上もぎっしりと保管されていた。

竹竿を稲架場《はさば》に、支柱とともに保管しないで、わざわざこの屋根裏に収納するのは、いろりなどのススで竹竿に虫がつかないようにするためで、腐ることへの防止にもなるからである。

この長さ一二メートル余りの竹竿を毎年秋になると稲架場までせっせと運んだ。冬は三階の作業場で薪の搬入。一冬中の薪を山のように積み込んだ。よしずの編み機、炭俵の編み機（すべて手作りのもの）があり、藁《わら》の山、薪《たきぎ》の山、俵《たわら》の山、縄《なわ》の山、茅《かや》の山であった。

土蔵の建て替え

土蔵の建て替えも、冬の間にたくさんの材木を山から切り倒し、大きなけやきや栗の木、杉の木を引き出すために多くの人夫を動員し、四斗樽の酒を振る舞いながら完成させたのである。その頃、次女は七、八歳で、小さい頃からちょこまかと身軽だったために重宝がられ、高い屋根の隙間に入って土玉をリレーして運び入れる仕事を毎日手伝わされたという。

蔵の建築当時は、地上から立てかけた長い左右二本の梯子にずらりと並んで、下から上へとバレーボール大よりやや小さめの土玉を手渡していき、リレーで持ち上げ、それを屋根裏の隙間に入った子どもたちがさらに奥へと運ぶのである。今日の機械が発達した時代には想像もできないのではないだろうか。私は小学校の建設当時、壁の木舞掻《こまいか》き（壁の下地として縄で竹や細木を縦横に編むこと）や、土壁を塗る時に手伝ったことがあるので、その光景が良くわかるのである。

白壁の漆喰

内部構造は刀利五ヶ村で一番といわれたもので、蔵の内部の壁は天井から周りの立壁までぐるりとけやき材の板で、厚さは二寸、一尺五寸〜二尺幅で、三尺ごとに立てられた柱と柱の間の溝にびっしりと差し込まれていた。外側の壁と屋根瓦の下は空間、その下は厚い土壁が載せられ、さらに外回りは土で厚く固めた壁、その上に漆喰壁、半分から下は板壁（雪被害から護るため）。こうした二重、三重の壁は防火と防湿に優れ、夏も冬も温度はあまり変わらなかった。蔵の出入りにはネズミを入れないようにといつも注意された。

味噌蔵と本蔵

厚い壁により外部との温度を遮断し、品質を一定に保ったため、米、味噌、雑穀、反物、衣類、家具、食器、吸い物椀、あつもの椀、赤、黒の会席膳など、各種の用途別お膳や漆器類が二〇〜四〇人前。幾世代にもわたって、何百年も住み続け、暮らしてきたお蔵や納屋には、おそらく現代の人々には想像もつかないほどたくさんの、いろいろな道具が詰まっていた。これほど多くの品物をよく揃えたものだと先祖の労苦に感服する。

戦後はだんだんと、家の中で冠婚葬祭の行事をするという風習はなくなってしまった。そして蔵にあったこうした各種用途別の二〇人分のお揃いのお膳やお椀（黒塗りの漆器椀はお祝い事の時に、赤塗りのお椀は葬祭用）の漆器類なども、ダムの建設をきっかけにどこへともなく散逸してしまったのである。

茅葺き屋根の葺き替え

五、六歳の頃、二年がかりで、隣の家が屋根を葺き替えた。一年目には表の屋根半分、次の年に裏半分を村総出で「結い」により行う。近くの家からいくつもの風呂桶を外に出し、子どもたちは水を風呂に運び入れ、茅や炭を燃やして湯を沸かした。村人たちはススで真っ黒になった顔や体をこの湯でながした。その他五軒ほどの家の屋根も子どもの頃葺き替えがあった。

仏壇の横の大きな地図

畳三畳ほどの大きな地図には、刀利五ヶ村のすべての山林の地形と所有者の名前が書かれていた。時々、村の人たちが来ては誰の持分であるのか、どんな地形なのか確認していたのを覚えている。三畳ほどもある大きな地図を拡げている光景は、子ども心にも興味があった。その地図はいつも仏壇の横に大切に収納されていた。ダム建設による家財整理の過程で、存在があやぶまれたが、今も大事に保管されている。

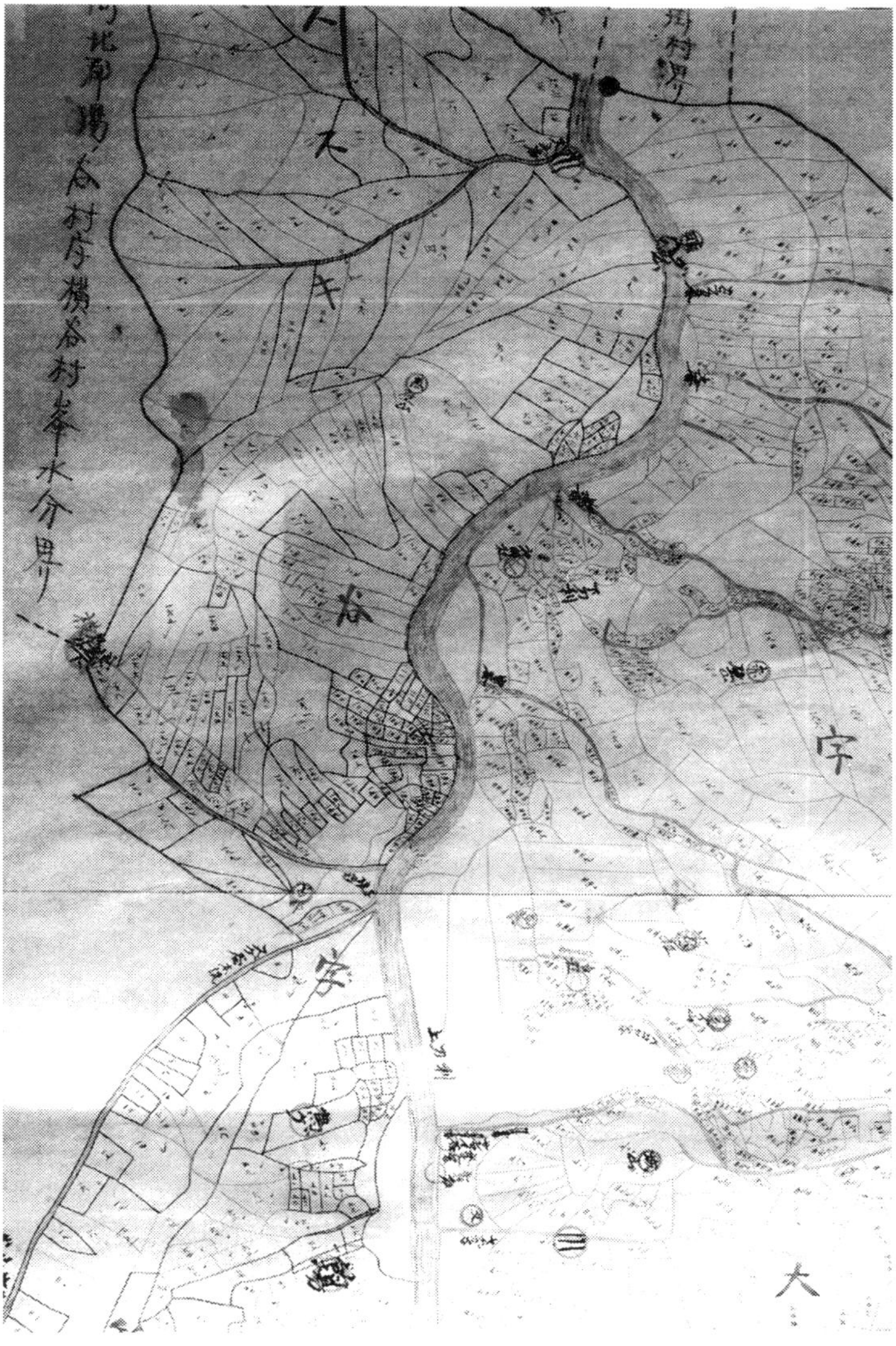

明治始めに作られた巨大な刀利地籍図（部分・南家所蔵）

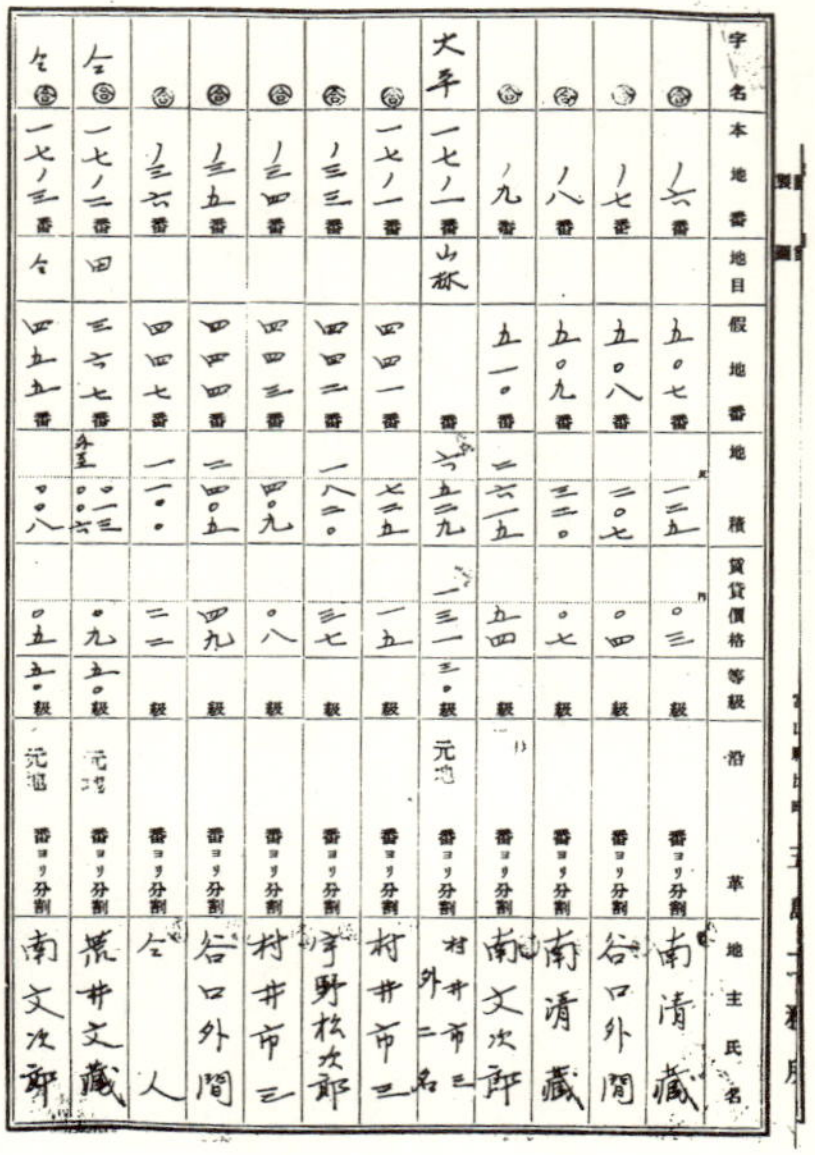

字名	本地番	地目	假地番	地積	賃貸価格	等級	沿革	地主氏名
㊞	ノ六番		五〇七番	一二五	〇三	級	番ヨリ分割	南清蔵
㊞	ノ七番		五〇八番	二〇七	〇四	級	番ヨリ分割	谷口外間
㊞	ノ八番		五〇九番	三二〇	〇七	級	番ヨリ分割	南清蔵
㊞	ノ九番		五一〇番	二六一五	五四	級	番ヨリ分割	南文次郎
大平	一七ノ一番	山林	番	六五二九	一三一	三〇級	元地 番ヨリ分割	村井市三外二名
㊞	一七ノ一番		四四一番	七二五	一五	級	番ヨリ分割	村井市三
㊞	ノ三三番		四四二番	一八二〇	三七	級	番ヨリ分割	宇野松次郎
㊞	ノ三四番		四四三番	四〇九	〇八	級	番ヨリ分割	村井市三
㊞	ノ三五番		四四四番	二四〇五	四九	級	番ヨリ分割	谷口外間
㊞	ノ三六番		四四七番	一一〇〇	二二	級	番ヨリ分割	仝人
仝 ㊞	一七ノ二番	田	三六七番	外五 〇〇六 〇一三	〇九	五〇級	元地 番ヨリ分割	荒井文蔵
仝 ㊞	一七ノ三番	仝	四五五番	〇〇八	〇五	五〇級	元地 番ヨリ分割	南文次郎

刀利五ヶ村の土地台帳とその中味。父・谷口外間の欄が随所にある。

接待

洪水等の被害で役人が視察に訪れた時など、僻地の刀利では昼食の準備をした。今日のように街中で手軽に食事ができる時代ではなかった。いまだ男性中心の時代でもあったため、その料理や接待はすべて村の長老や世話役の男性がおこなった。

有力者である滝田、山田、丸山、木曽、村井、南さんたちは、学校やわが家に集結し、いつも白い鉢巻きをして朝から準備に取りかかっていた。里芋などの煮物、筍、ウドの酢の物、ゼンマイやワラビの鉢もの、イワナの焼き物、ハモの吸い物等々を、蔵から出してきた吸い物椀やお皿、黒塗りの大きな懐石お膳に盛りつけた。

五箇山（平村西赤尾町）の岩瀬家は、五箇山最大の合掌造り家屋で、加賀藩の塩硝上煮役の藤井長右衛門の旧宅であった。江戸時代末期に八年の歳月を費やして建てられた。けやきで造られた準五階建ての豪華な建物で、三階以上は養蚕の作業場。書院造りの座敷は、役人が巡視に訪れた際に提供されたという。わが家の一階の表座敷などの間取りはこの岩瀬家と瓜二つであり、外観と内部の構造も同じであった。仏壇の配置からけやき板の漆塗り、一本挽きの板戸まで。ただ、わが家には、二階にも客間が三部屋あり、違い棚や書院造りの床の間などがついていた。

土蔵の中の品々

玄米の米俵。

ブリキ缶十本位。

直径四尺、高さ背丈ほどの味噌樽六本位（味噌は三年もの、五年ものを貯えていた。すべて自家製造）。

酒、ビール、醤油、塩の販売の看板。

長持箪笥、衣装衣類。赤膳、黒膳、会席膳。陶器食器。蒲団、座布団。お雛様。蚕棚。予備ゴザ。

納屋の中の品々

農作業用の機械――脱穀機、唐箕《とうみ》（トミ、脱穀後の籾殻や藁屑を風によって選別する機械）、精米器、マンガン（馬鍬・牛や馬にひかせながら、田畑の土を細かく砕いて、掻きならす農具）、鋤《すき》、鍬。

作業用具類――縄、俵、わらじ、草履、バンドリ（藁で作った農民の雨具）、カンジキ、蓑《みの》、はばき（藁で作った、すねに巻き付けるもの、脚半）。

4．庭と村の風景

刀利の野山には、つぎつぎと咲き誇る四季の花々が満ち、夜は月の光を充分に吸い込んだような星の輝きがあった。子どもの頃慣れ親しんだ小矢部川の流れ。夏には小さい子どもたちは浅瀬でぴちゃぴちゃ遊んだ。最初の泳ぎは少し深みで立ち泳ぎ。足を川底に蹴って前に躍り出る格好。年長になると、橋の上から欄干を越えての飛び込み。小石をそおっとどかしながら「ねそ」や「ばばざっこ」の小魚をとった。夜川《よかわ》（夏から秋の夜、川へ魚などをとりに行く）や、やな（梁・河川の両岸をせき止め、魚などを捕る仕掛け）。川の流れをせき止めてのイワナやねそ、ばばざっこの捕獲。メダカ、ドジョウ、あめんぼう、みずすまし。小川や田圃での遊びにはこと欠かなかった。

家から映るわが家の四季

私が子どもの頃、特に小学校の二、三年生の頃までは日本列島は今日のように暖冬ではなかったので、毎冬の降雪量は多く、山間部のわが刀利集落も半年近くは雪に埋もれていた。長かった冬からさめると、陽春の裏山には一重の山椿や山吹の花が一斉に明るくぱっと咲き、その後けやきの木の若芽が萌葱色《もえぎいろ》にわが家の裏山を取り囲んでいく景色は特に印象に残る。木の葉石化石のあった宮田の下の清水からも冷たく美味しい湧き水がこんこんと流れ出て、上流の藐姑射《はこや》谷地区から流れ出た清水に合流し、わが家の屋敷内の谷へと流れ込んでいた。

子供たちの遊び場の１つ。後ろは刀利橋

ある時は自然の猛威に耐え、それを克服し、計り知れない自然の恩恵に与《あずか》る。そこには大自然の中にしっかりと根を張った、豊かな人間の暮らしがあった。わが家の竹林のすぐ上には千年の歴史に相応《ふさわ》しい鬱蒼とした鎮守《ちんじゅ》の杜《もり》の大木があり、春一番には背戸の南傾斜地にカタクリの花が咲いた。太陽の光をいっぱいに浴びた黄色い山吹の花、赤い椿の花、脇の下の谷間には雪解けの豊富な水が石の上から白くとうとうと音をたてて、岩から岩へと流れ落ちていた。

カタクリの花が咲くそのすぐ横からわが家の流し（台所）に引き込んでいる木彫りの水路樋には、冷たい雪溶けの水がさらさらと流れ、家の東隅にある舟形臼（バッタリー・水車の働きをして雑穀をつく）にも勢いよく流れ込んでいた（戦後もしばらくの間は少量の雑穀の脱穀に利用していた）。そして暫くするとけやきの大木から吹き出す新芽が屋敷の周りを萌葱色に染める。春の訪れはまさに生命の息吹を身をもって感じさせてくれるものであった。

わが家の毎朝はまず奥の間（デイ）の仏壇に温かいご飯と新水をお供えし、父は毎日阿弥陀経を十分程度読経した。そして、広間の神棚にお参りをしたあと、居間の高い欄間の窓越しにみえる鎮守の杜を遥拝した。そして今日の健康を感謝し、一日の平穏無事を願って家族揃ってお膳についた。

背戸の状況

背戸の屋敷林は竹の林で、その要所要所にけやきと栃の木などの大木があり、一一月末の冬支度には竹が雪の重みで折れない（雪折れを防ぐ）ように、その大木の周りの竹を寄せ集め、一本一本紐で結びつける竹巻きという作業をした。父と姉、それに幼い兄と私の四人でこの竹巻きの作業を二回ほどしたことがある。

地上から高いところに登っての作業であり、危険なので、父が年老いてからは、毎年親戚の人たちや姉たちの夫やその弟たちが交互に来てくれた。毎年小さいながらもその下で、長い竹竿の先にカギを結びつけ、その竹竿で竹を一本一本引き寄せて引っ張るのが面白くて、よく手伝ったものである。五、六歳の頃まではさぞかし足手纏《まと》いで邪魔だったことだと思う。この竹は稲を干す稲架や桶のタガに、竹の笹皮はおにぎりなど食べ物を包むのに多く利用された。

雪囲《ゆきがこ》い

冬に備えてあらゆる建物（母屋、土蔵、納屋、小納屋）に茅で建物の外側を雪から護るための、雪囲いという作業を毎年した。春になるとまたそれを取り外すのである。いつまでも建物をきれいに保つためでもあった。今日のように一世代で終わりというものではなく、幾世代にも建物は受け継がれていくという感覚があったからでもある。

竹屋敷の左側・宮の下には杉林があり、道を挟んで越境した竹が杉林の中に群れをなしていた。さらにその左下にはミョウガ畑が一面にあり、六月の田植えの季節には生え立てのミョウガの茎を小豆のみそ汁にいれて食べたが、すごく美味しいものだと思った。

このミョウガは夏になると一雨降るごとに、下を覗くと杉林のもとに、あたかも群生した山百合の花を見渡すがごとく、一面に真っ白な花が咲き、絨毯を敷き詰めたようであった。一生懸命

水芭蕉

採ったものである。

ミョウガ採りは子どもの仕事であり、この時期は雨が多く、二〜三日採らないとすぐに花が咲いてしまうので、時期を逸しないようにいつも心掛けた。ざるの中がすぐ一杯になり、面白いほど良く採れた。それを四斗樽漬けにして冬の保存食とした。

このミョウガ畑のすぐ上の、鎮守の森の宮の脇の山裾からは、湧き水がとうとうと流れ出ていて、宮清《しょう》水《ず》と呼ばれた。その清水は隣家の飲料水となっていて、美味しく、どんなに干ばつの年であっても枯れることはなかった。特に真夏は冷たく、スイカやトマトなどを水船（飲料水などをたたえておく大きな桶）に浮かせて冷やした。付近一帯は春になると白や紫の綺麗な水《みず》芭蕉《ばしょう》や座禅草《ざぜんそう》（「だんべらこ」と呼んでいた）が咲いていた。

屋敷の南側

屋敷の南側は、四段ほどの石積の土手と谷（小川）を挟んで、向側は隣家と境界を接していた。この土手は三〇〇メートルほど先の納屋の前まで続いており、荷車が通れるほどの道幅で、五尺ほどあったと思う。秋になるとこの土手の上を稲架に使う竹竿を両脇下に抱えて、二〇〇から五〇〇メートル離れた稲架場まで、何百回となく引いて往き来した。時どき土手から長い竹竿の先が小川に落ちてしまうのであるが、それを強引に引っ張り上げながらぐいぐい引っ張って運ぶのである。重すぎて途中で引っ張っている本数を減らしたりして運んだ。

この小川の内側にはもう一本の屋敷内の流れがあり、「曲水の宴」に出てくるような浅い流れであった。時には笹船を作って速さを競ったこともある。冬は流れを塞《せ》き止めて庭に水を引き、雪を溶かすのに利用された。初冬には下の庭との段差には里芋を洗う芋洗い器が設置された。二尺ほどの高さで、石垣が二段ほど積んであり、小さな滝のようになっていたので、芋洗い器はくるくるとよく廻った。

栃の木（昔は実を粉にしてお餅をつくったという）が、五、六歳の頃、わが母家の南東端の土手に、樹齢何百年もする直径一メートル余りのものがあった。実がたくさん落ちていたが結構手間がかかるので、食べることはほとんどなかった。小学一年の頃、祖母にねだって一度だけ栃餅として食べたことがある。七、八歳の頃、木は杓子屋に売られて伐採された。

南側の谷間の傾斜面には春一番に黄色い山吹の花が咲き、その下には片栗の紫の綺麗なかわいらしい花が咲いた。後に知ったことであるが、カタクリの一生は実生から花が開花するまで七、八年もかかるとのことである。地上に芽を出し、花が咲き、実を結び、やがて地上から姿を消すまでは僅か二ヶ月余り、一〇ヶ月近くは地下で休眠。花は一〇年くらいは毎春くり返し咲く。地下一五センチくらいの所に球根がある。

そのさらに上には何本もの赤い一重の椿の花が毎年良く咲いた。その北隣にはわが家のお墓があり、その周りを取り囲むように四、五本の大きなけやきの木があった。これも樹齢何百年かわからないほどの大きな木であった。

九郎左屋敷跡

その二段上にあった九郎左屋敷跡といわれた平地には冬イチゴの実がなっていた。秋も深まり初雪が降った頃に雪の中から赤い実を採るのが楽しみであった。完全に熟れていて、とても甘かった。この屋敷跡は祖母の生家があったところであり、九郎左家が北海道へ移住後はわが家が引き継いでいた。九郎左衛門は半左衛門の分家で、その歴史は戦国時代よりさらに古いといわれていた。

前の庭（上段の庭）

土と砂で固く引き締まったすべすべの庭地で、小石一つない庭は裸足で歩いてもまったく痛くなく、草履をぬいで足裏の快感をあじわった。いつも村の子どもたちが集まってきていた遊び場でもあった。手のひらでの陣取り合戦や縄跳び、竹棒などで円を描いてのぽんぽん石蹴りや、チンチンバッタンコ、ベーゴマ遊び、独楽《こま》回しにも最適で、すべすべの土の表面では独楽がよく回った。桶のタガを利用して車輪回しを競ったこともある。

チンチンケンパという遊びは、五〇センチほどの〇《まる》を左右にジグザグに五個から七個書いて、そこに銘々の小石をスタートラインから投げ入れ、はみ出すと一回休みになる遊び。その他の遊びとしては、胴馬（馬乗り）、だるまさんが転んだ、剣玉の競い合い、めんこめくり、ぺったんこ、竹馬、缶に紐をつけた下駄（缶ぽっくり）ほかがあった。

冬の間、庭の雪を融《と》かすために、屋敷横の谷川の水を屋敷周りに巡らせ、庭に引き込んでいたから、永年の間に土も砂もひきしまり、このような固くすべすべした小石一つない庭になったのだと思う。その上段の庭の北側と西側にはL字型にけやきの大木、コウヨウザン（広葉杉）の常緑樹。少し葉がとがっていて、触るとチクチク痛い、つやつやした常緑の木。その周りには赤や白、ピンクのツツジや、地を這う木が植えられていた。それも何十年もの古木であった。

下段の庭

ここは小粒の小石が少し混ざった平面で、ほぼ正方形であり、野球やドッチボールをよくした。わが家ではこの上段と下段の庭に土用の時期には縄を張り巡らし、衣類や布団の虫干しによく利用した。太いけやきの木やコウヨウザンの木、石垣の土手に生えている檜の木などを縦横にロープで結び、中間の支えには蚕棚の支柱を利用してロープを持ち上げた。それに蔵から出した客布団や和服、反物を土用の風に当てるのである。

このように刀利の集落では母屋の前に広い庭が必ず二枚あるいは一枚あり、穀物の乾燥や作業場としての役割を果たしていた。わが家では冬季には、庭に水を引き込み、屋根から雪下ろしをした大量の雪を溶かすための融雪にも利用した。

庭の植木

山峡の春の訪れは遅かったが、納屋のそばの桜の木（一重と八重）、モモの木、はたんきょう、グミの木（春グミと秋グミ・大きな実）、葛沼の畑のモモの木、毛モモ（果実の皮に毛があるもも）の木など、モモや八重桜の花が一斉に咲いた。土蔵の前の赤いスモモの木（プラム）は大きな実が成ったが、木の中が空洞で、かくれんぼやおもちゃを隠して遊んだ。太い老木だったので八歳の頃、台風で倒れ、根っこから切られた。

お蔵から見た母屋（昭和35年 8 月）

上段の庭にて、お盆恒例の畳干し

イタドリ

スイコ

背戸のお宮の下にいくと紫色の座禅草や純白の水芭蕉が一斉に顔を出し、田圃の土手には蕗《ふき》の薹《とう》が、道端にはスイコやマンコ、そしてイタドリ（多年草で若芽はウドに似ていて食用にする）、ハドリ、ヨモギ、屋敷前方の納屋の周りには赤モモやはたんきょうの純白の花、一重と八重の白やピンクの桜の花。

その木の下には山吹やグミの木があり、大粒のグミの実は美味しく、春と秋にはその大きな木に登っては毎日グミを食べた。そのうち上の方の枝先にはだんだん手が届かなくなり、竹竿の先に鎌を結んだり、八番線（直径四ミリほどの太い針金）でカギを作り、枝をたおらせながら、「もっと引っ張って！」と叫び、みんなでワイワイ食べたものである。

また、少し足をのばして奥山に入るとゼン

マイ、コゴミ、ウド、タケノコ（すすだけ・根曲がり竹）等々の山菜が豊富だった。屋敷のけやきの大木やコウヨウザンの木、レンゲツツジの大株や木蓮《もくれん》の木、花菖蒲等々……。出の屋敷（わが家の分家）があったという前の畑には、大きな実のなる柿の木があり、若木であったが、よくなった。

万作の若木

「ねそ」はロープの代わりに利用できた。ねそは捩《よじ》って木と木を寄せ合い、組み合わせる（木組み）時に使う。非常に頑丈な結びができる。炭焼き小屋や稲を乾かす「稲架」を作る時、要所を結ぶのにも利用された。

5．村の暮し

農機具のいろいろ

マンガン、とおみ（トミ）、脱穀機、石臼、籾すり機、米撰機（玄米を選別する機械）、精米機械（白米にする）、藁打ち石。

私が七歳頃迄の籾摺り機械は、直径四尺（一二〇センチ）くらいの石臼の形をした土を固めた臼のお化けで、五、六人で臼から突き出たハンドルを押しながら、周囲をぐるぐる回って玄米に

上は唐み（トミ）、下は藁打ち石

仕上げる。籾を臼に供給する人などたくさんの人手を要した。七歳頃までは隣近所の応援を得て、一日中石臼の周りを回って玄米に仕上げた。その後、村で導入したヤンマーの籾摺り機械に変わり、ガソリンを使った発動機で動かした。

ヤンマーの発動機はダイナミックで力強く、その動きはSL機関車をイメージさせる。その後電動機に変わっていった。しかしこの電動機は戦後すぐだったので、まだ電気の容量不足や電動機の性能も悪く、力不足で、ちょっと多く負荷を掛けるとウゥーウゥーといってモーターが停まったり、ベルトが外れたりした（五、六人で作業して玄米にする）。その後ヤンマー発動機での籾すり機械を導入。昭和二二年（一九四七）からは電動籾すり機に変わった。

富山の置き薬

毎年富山の広貫堂や、その他三社ほどが置き薬を配備していった。広貫堂さんや野尻さんたちはいつもわが家を拠点に集落を回って歩いた。二晩ほどであるが、夜なべに囲炉裏端で五つ玉の十露盤《そろばん》をはじいたり、大福帳の整理や、回収した薬の入れ替えなどをしていた。毎年、紙風船やその他のお土産が楽しみであった。紙風船は六角形状に折りたたんであり、八ミリほどの穴から息をフゥー、フゥーと吹き込むと、一気に真四角のサイコロ状になる。それをお手玉のようにポンポンと優しく手のひらでつくのである。

鋳掛屋《いかけや》さん

小さい頃は、「鋳掛屋さん」が巡回してきた。昔は鍋・釜の品質が悪く、鋳物の鍋、釜、あるいはジュラルミン製（アルミの合金）の鍋にも穴が空いた。巡回してきた鋳掛屋さんは、ある家の軒先や納屋の隅を借りて、「フイゴ（鞴）」でヒュウヒュウ風を送りながら金属を溶かして貼り付け（溶接し）ていた。風を送るたびに石炭や木炭の火がいっそう赤々と燃え、火熾《ひおこ》しには実に便利なものだと思った。

各家のかまどで使う竹の「火吹《ぶ》たき」（和竹で直径四、五センチ、六〇センチほどの長さで、先端に三ミリほどの穴をあけ、反対側から息を吹き込み、囲炉裏やかまどの火付きをよくするもの）とはくらべ物にならないほど強力であった。昔は物を大切に、形のあるものはいつまでも利用するという考え方であったため、鍋や釜は修理して使った。

ちゃぶ台の登場

昔は各自別々の箱お膳があり、その箱の中に各自の茶碗や箸が収納されていた。円形のちゃぶ台は戦後の日本の茶の間の風景であるが、わが家では昭和二三年（一九四八）からそれまでの個別の箱膳から八人分の引き出し付きの長方形のちゃぶ台（現在の座卓に八個の引き出しが付いたようなもの）に代わった。立野脇の大工・久蔵さんにつくってもらったものであるが、当時はすごくハイカラで、村の人たちがよく見にきたものだった。

その時、同時にバッタリー（米つき・水車の代わりをする・スプーン型）を新規に作った。流しの奥の東側の隅に設置した。屋敷のそばの谷から引き込んである木彫りの水路（樋）には冷たい雪溶けの水がさらさらと流れ、流しの水船に流れ込んでいた。その水路を途中で分水して流し込んだ。通常はヤンマーの発動機で一括精米するのであるが、昭和二四年（一九四九）頃までは時どき少量の米や粟、キビ等雑穀の脱穀に利用した。昭和二二年（一九四七）からは本格的にヤンマー発動機から電気のモーターに代わっていった。

6. 炭焼きの思い出

私が生まれた昭和一四年（一九三九）頃から終戦時までの子どもの頃、そしてダム建設が始まる前の昭和三六年（一九六一）頃までの二〇数年間は、刀利が最も活気があったのではないだろうか。それは田と畑での稲作と野菜は自給自足ができた上に、江戸時代から続いていた炭焼き（六〇年周期で豊富な森林が、良質の炭焼きに適した大木へと成長していた）と、戦中・戦後の産業には木炭の需要が旺盛であったこと。高度成長時代に突入する前で、電気万能の時代にはまだ達していなかったため、戦後の復興には今日では考えられないほど木炭の需要があったからである。

カマギ（窯木）を切る

重い炭俵を担いで家路に向かう

そのため、刀利では山林の少ない家でも、豊富な山林を持っている家から譲り受け、全集落あげて炭焼きをしたので、どの家でも経済的には潤った。炭焼きはあまり天候に左右されることなく作業ができたので、材木の伐採、運び込み、出し窯《かま》(炭出しの作業)さえ間に合えば、毎週一度の回転ですることができた。朝は暗い内からカンテラを下げ、夜は暗い夜道を重い炭俵を何俵も担いで這うようにして家路に着いたのである。誰もが働いただけの実入《みい》りがあったので、生産能率は実に満足できるものであった。

良質の木炭を生産する地として刀利の名を世に知らしめたのもこの頃である。自給自足の農業(稲作と畑)と山の幸に加えて、現金収入が得られる木炭は各家庭の経済を実に豊かにした。それこそ、昔から「刀利には出稼ぎという言葉がなかった」というゆえんである。この炭焼きはこちらの山からあちらの山へとだいたい二、三年でわたりあるいた。そしてその行き先ざきの場所で立派な炭小屋を作り、炭窯をつくって木炭を生産したのである。

わが家の炭焼きの場所は、昭和一七、一八年(一九四二、四三)(私が四、五歳の頃)には、金山谷《かなやまだん》(菅谷《すげだん》を奥に入って行った所)の右岸で、さらに上流では伝右衛門さんたちが炭焼きをしていた。この金山谷とは、江戸時代、銀が産出したことからその名がついたという。

この頃わが家の祖母は六〇歳台後半でまだ元気だったので、そのすぐ下の急な斜面でサツマイモや大根、さらにそばや小豆などを作っていた。谷に沿ってさかのぼる道は祖母に連れられていつも通った道ではあったが、獣道で狭く、谷に転げ落ちそうな場所がいくつもあって、大変危険な渓谷沿いの山道であった。

そんな道を五歳頃のある日、家で独り留守番をしていた私が、三〇分ほどかかるこの金山谷へ独りで祖母たちの後を追って行ったことがある。田畑の仕事で、どこの場所へ行っているかも分からないのに、そんな金山谷の場所に独りで後を追ってたどり着けたということが、その時の七不思議とされているのである。それは留守番をしているようにと諭されながらも、刀利橋を渡り、葛沼の先を横切って行く祖母たちの姿を、じいっと縁側から見つめていたからだと思われる。

その時に急斜面の下で、畑の上から落ちてきた小石が、私の額《ひたい》を直撃した。その傷跡は一生涯消えることなく、未だに額には「眉間《みけん》の傷」として凹んだ跡がのこっているのである（傷は鉄鍋の吊り金具でできたという説もある）。

この金山谷の畑は一番傾斜が急な場所で、「なぎ」とよんでいた。炭焼きの後、畑に改良し、小豆や蕎麦《そば》、サツマイモを植えた。傾斜が急なので土が下に落ちないように逆さ鍬（傾斜面を下に向かって鍬を入れ、上の方へ土を掘り起こすのである）で作業をする所もあった。刀利ではこんな場所はあまりなかったように思う。ほとんどが水田で畑もほどほどにあったが、ときたまこのような急な斜面の畑もあった。しかしその後この畑もあまり利用されなくなった。

六～八歳の頃、丸山の上・黒壁の上で炭焼き（すすき谷《だん》）をした。九～一一歳の頃、姉の夫が田おこしの手伝いに来てくれたある日、イケンダナで馬に鋤を引かせて田起こしをした時、義兄と父は昼食の合間に清水平《しょうずべら》の山を下見に行く。イケンダナから先の山は獣道であった。木々の間をかいくぐりながら二〇〇メートルほど分け入ると大きな楢の木の林があった。そこで炭を焼く。

この清水平の山は私の記憶では太い木が一番多いところだった。親戚の人がよく手伝いに来てくれた時期で、休日を利用して毎週のごとく金沢から通ってきた。そして抱え込むことができないような大木に発破《はっぱ》をかけて引き割った。発破を掛けるときの緊張感と醍醐味、発破が無事終わった時の父の合掌する姿など、今も鮮明に記憶に残る。

同時期、その右側下は伝右衛門。栗の木や楢の木の大木がたくさんあった山。その頃から多くの人たちが、この付近からさらに奥地へと炭焼きに入り、道は良くなり、銀座通りとまで呼ばれた道になる。昔は便宜上、できるだけ同じ方向の山、同じ付近で炭焼きをしたのである。獣道を切り開いたり、道作りの補修、安全性など何かと地域共同体の強い結びつきが感じられる。帰る時には必ず「ホホホーィ」と声をかけ、お互いの無事を確かめ合いながら帰途についた。

谷内《やち》ヶ谷《が》に入る前に学校のそばの右岸を焼く。赤い場・赤岩の所も少し焼く。その後、学校のすぐ上手《かみて》から登り、谷内ヶ谷の急な斜面をへばりつくように横切って水上谷《みなかみだん》の下へ。急な崖を横切る獣道は細く危険で、足元の下は千尋の谷底、目もくらむようだった。この谷内ヶ谷は滝谷《たきだん》と

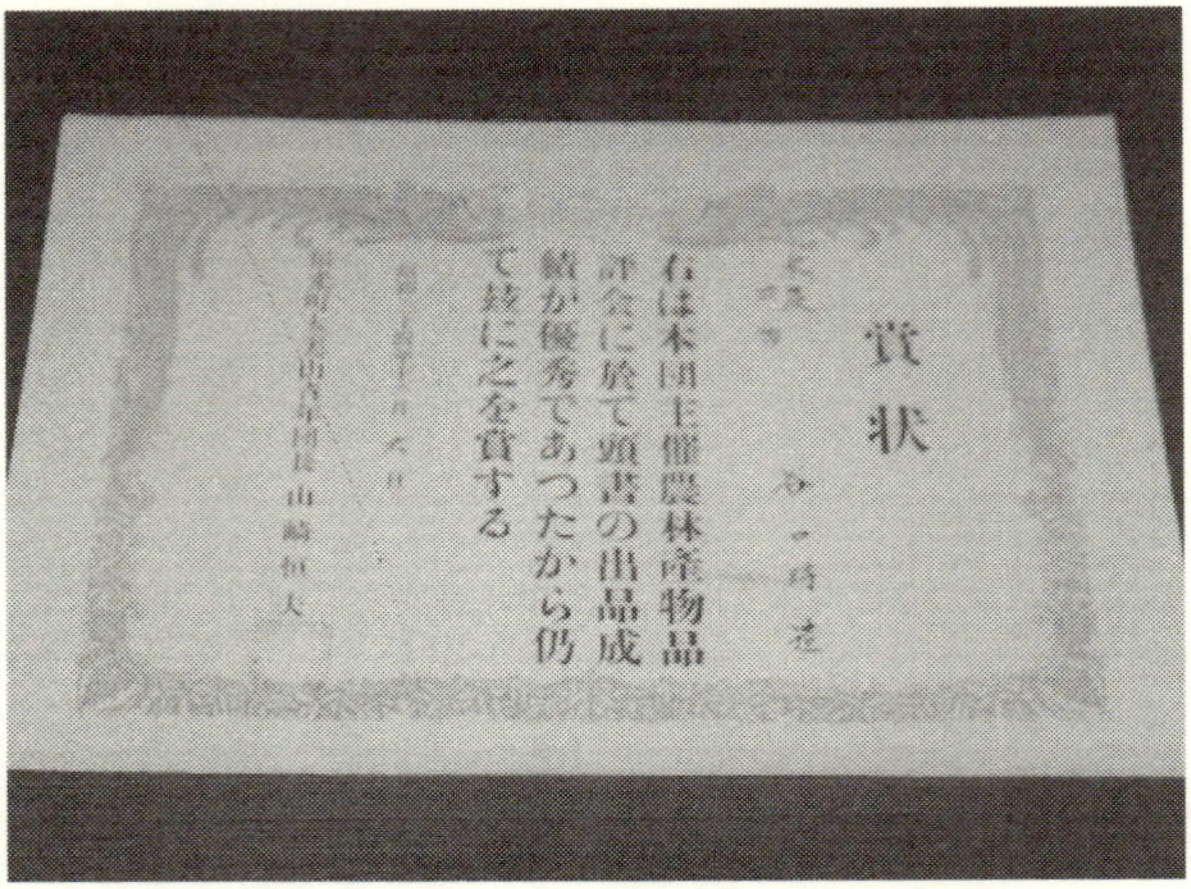

木炭二等の賞状

ともに小矢部川の支流で、刀利三ヶ村集落では最も豊富な水量の谷であるが、赤壁があり、最も険しいV字地形であった。そんな傾斜面の山腹を重い炭を担ぎ、重心を山側にたおしながら、はいつくばるようにして通った。

小学六年生から中学一、二年生の頃が、多くの村人たちがワソ谷に集まった全盛期であった。その頃（昭和二八年〈一九五三〉頃）は、蛇谷《じゃや》橋が落ちた年で、橋の掛け替えのため、秋の二ヶ月の間、木炭の搬出が止まり、広い学校の校庭が炭俵の山となった。一時は校舎の二階から、高く積まれた炭俵の上に飛び移ることができた。この年の晩秋になって蛇谷橋が完成し、雪が降らないうちにと毎日毎日、何台ものトラックがひっきりなしに炭俵を運び出していった。

その後、伝右衛門さんの炭焼きは休ん場で、

四、五年続いた。同時期、わが家は休ん場からすぐ右横へと栗林を横切り、水上谷に入った。ここでは二年くらい炭焼きをした。そこには苔むした水上谷用水があったことを覚えている。その時父が、わが先祖が切り開いたと話していたが、加賀藩の改作法の奨励で切り開かれたものである。上刀利集落の東側斜面の田圃が、この水上谷用水の恩恵に浴しているのである。

用水沿いにはタネフサギという蕗(よしな)のような山菜がたくさん茂っており、そのタネフサギを毎年そこで採ったが、水分を多く含んでおり、すごく重く、山道を担いで家路につくのは大変であった。一度には食べきれないので四斗樽に漬けこみ保存食にした。

炭窯を作る時、その昔五〇〜七〇年前もの先祖が作ったという炭窯の積み石が残っていたりしたが、また同じようにその石を積み重ねて作った。二年後には、この水上谷のすぐ上の山、そこは休ん場から少し東側にある分かれ道をさらに上に登ったひとつ上の横道で、中平《なかんじゃら》の旧坂の途中から右横へ入っていく道で、水上谷へと分け入って行った。

そこでは水上谷を挟み、西側から焼き、その後ドスガハラの南側斜面で焼く。その当時伝右衛門さんがその北側の中平に入っており、よく声をかけてくれ、家路についた。祖母が亡くなった年である。そのころ大水がでて、伝右衛門さんが知らせてくれる。中平や大平《おおじゃら》ではアケビや山葡萄、イッツキ(山法師)、茅の実、休ん場では栗の実、ナラタケ、クリタケがたくさん採れた。

休ん場からは金沢市街地の夜景がよく見えた。今日のようにたくさんのネオンではなかったが、当時としては素晴らしく綺麗で、あそこが犀川大橋だ、あれが大丸だと、きらきらと輝くネオンに見とれていて飽きなかった。

出し釜《だがま》の時は朝早くまだ暗いうちにカンテラを下げて行き交いした。ようやく周りが明るくなってくると、チカチカと光るネオンの明かりが、だんだん消えていった。夜は夕方遅く家路に帰る途中、足もとが暗くておぼつかない獣道を、一足一足踏みしめながら、中平の深い溝の道を、休み棒を溝道の両側に掛けて、その上に背負った炭俵を載せ、一休みしながら、遙かにみえる金沢市街地、ある時は内灘方面の海に沈む大きな夕日に見とれた。父は赤い夕日が見られた時は、決まって合掌し、その日の無事を感謝していた。

狭く険しい山道

休ん場の下辺りから金沢の市街地が視界から消え、大きな夕日がだんだん欠けて、それも海の彼方に沈んでしまうと、辺りは急に真っ暗闇になったが、ガス灯を灯《とも》すわけでもなく、慣れた山道を下って家へと急いだ。人間というものはよくしたもので、暗闇でも目が慣れてくると意外と明るくみえてくるのである（中平や休ん場の下は、雨で道が削られ、急な坂道なので担いだ炭俵などが、両側に引っかかった。その時は横になって急坂を蟹歩きしたりした)。

現在の刀利青年の山研修館のすぐ前の傾斜地の山が中平、建物の平らなところを北に数百メートルあたりから、下に降りる所が休ん場の旧道で、ここで杖を支えに必ず立ち休憩をした。たかつぶり山への分かれ道の箇所で、中平に続き、この休ん場の下も難所であった。

7. 刀利村のこと

十村《とむら》の制度

十村の制度とは、十村役人を頂点に農村支配機構の整備と田地割の制度化、知行地において自立しつつあった小農民を藩が把握する体制を確立して、藩の集権化に大きな役割を果たした制度。知行地とは奈良時代の律令制度の時から発生し、武家勢力が強くなるにつれ、大名は家臣団に領国を分割給付し、これを知行させた。給付を受けた人は年貢徴収、農民使役、行政裁判権などの諸権利をもっていた。

改作法

改作法は、寛永末期の飢饉による藩士と農民の窮乏化を直接の契機として、加賀藩五代藩主前田綱紀の時、慶安四年(一六五一)から明暦二年(一六五六)、国政に参与していた綱紀の祖父・

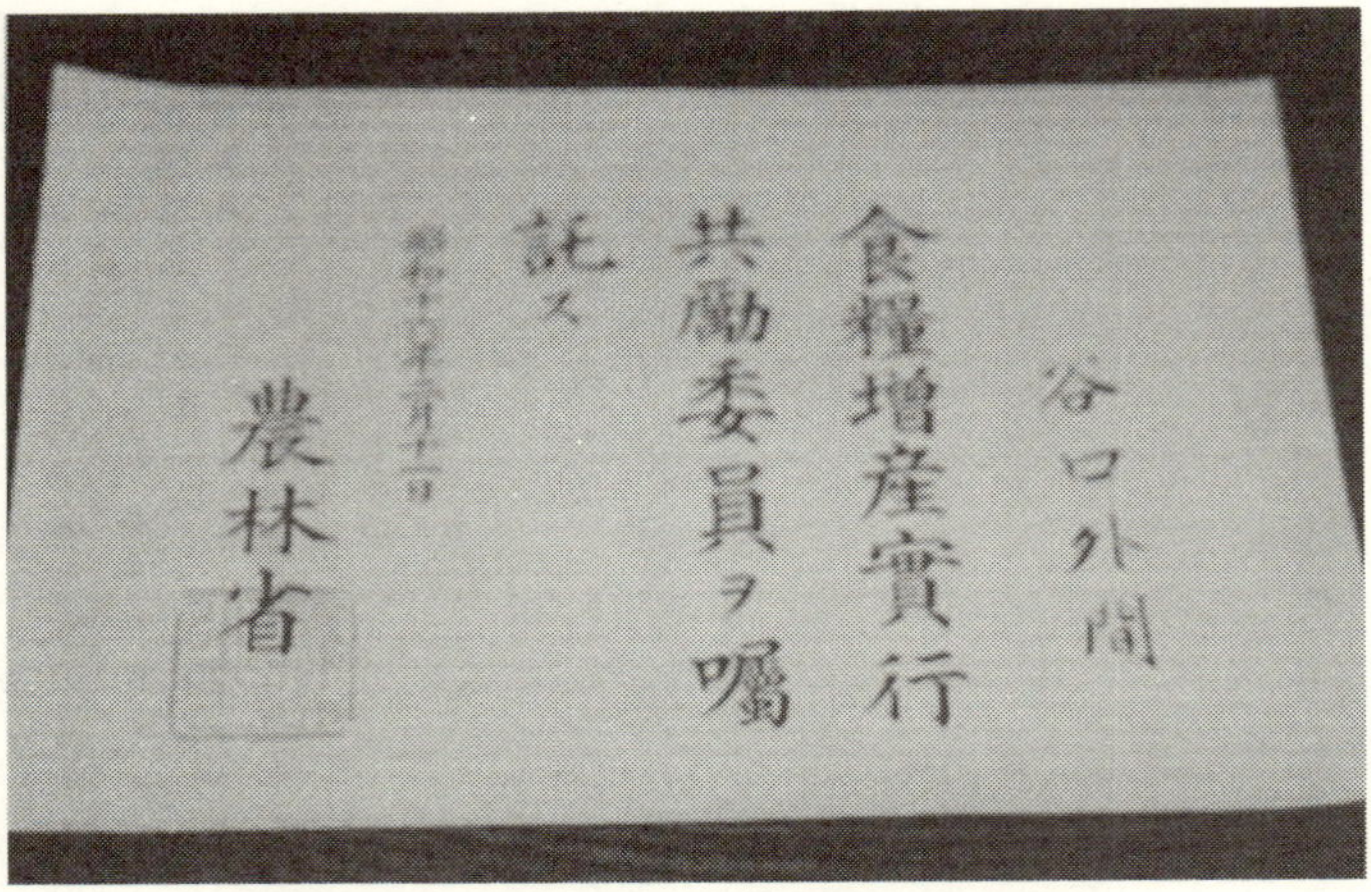
谷口外間
食糧増産實行共励委員ヲ嘱託ス
昭和[illegible]
農林省

食糧増産委員の任命書

前田利常（三代藩主で綱紀の後見人であった）が総合的農業政策として実施したもの。この施策により加賀藩は栄えた。

刀利での加賀藩の改作法による田畑の開墾は時代を下っても奨励による田畑の開墾整備が続けられた。これは激動の明治からずっと、戦前のわが家の祖父の時代、そして昭和の父の時代まで食糧増産政策として行われてきた。私の幼ない時にも、日蔭になる山の木を伐採したり、片隅を一坪でも広くするために、土手や山を削って石を積み、一粒でも多くのお米を収穫すべく、たゆまぬ努力を重ねていたのである。

水上谷の用水工事

干ばつや水飢饉の時に備え、「谷内ヶ谷」の豊富な水量を「水上谷」付近から分水し、谷の

谷内ヶ谷の滝（魚止めの滝）

北側を休ん場の東まで水平に横切り、キリハタの上で落下させて薮姑射谷に合流させ、キリハタ地区の灌漑に用いた。その水と宮田の清水のお陰で、わが家の飲料水はよほどの干ばつの年でもないかぎり、不自由することはなかった。

春になると薮姑射谷やキリハタ周辺の田圃への水を確保するため、関係者で、冬の間に傷んだ用水路を補修し、用水にたまった落ち葉や泥を取り除く作業に毎年出かけた。この作業は他の小矢部川の用水とともに先祖代々、毎年休むことなく引き継がれてきたものと思われる。幼ない頃、水上谷で炭焼きをした時、一度だけ田植え前に修復に行ったことが記憶にある。

水上谷は谷内ヶ谷の上流の部分のことをさしており、その水上谷付近は大平、中平という広い斜面に降った雨水が、すり鉢状になった底の部分で、そこからは一気に水量が豊富になる場所であった。ここに先祖は目をつけ、この地から用水路をつくり、谷内ヶ谷から一つ尾根を越した蕨姑射谷側に水を引き入れた知恵は大したものだと思う。

水上谷という地名の由来も「水のかみて」で、水路の取り入れ口にあるからこの名がついたと言われていた。水上谷で炭焼きをした時、そこでは江戸末期の頃、先祖が炭焼きをしたことがあったらしく、炭窯の積み石や窯跡があったと父から聞いた。これは、江戸時代の中頃には、すでに切り開かれていたということである。

加賀藩への刀利の年貢の石高は百五石、百八石とあまり変わってはいない。それはこの集落がこの灌漑の恩恵に浴していることに大きなゆえんがあると思う。

おかぼ（陸稲）

私が小学校に入学した昭和二〇年（一九四五）までは、わが家にも「おかぼ」という稲の品種があった。これは陸稲といって水田ではなく畑に植えられていた稲のことである。わが家では二枚ほどの畑に植えてあったのを記憶している。江戸時代には水田の整備も稲の技術も発達していなかったため、おかぼが主流だったらしい。

小屋

貌姑射谷、アカイバ（学校の川向かい）、葛沼《くずぬま》（刀利橋の右上、川向かいの高台）の三ヶ所に茅葺き屋根の小屋があった。三畳から六畳あまりの広さで、入り口もちゃんと戸締まりができるようになっており、肥料や農機具を一時的に保管する小屋だった。そして、その地域一帯の農作業をする拠点であり、時には休憩の場でもあった。その昔は、寸暇を惜しんだ先祖たちが寝泊まりをしたこともあったと聞く。昭和二〇年頃から順次なくなってしまった。

白山社《しらやましゃ》

神社はダムにより移設することになり、代々宮司であった城端《じょうはな》の宮司から土地を購入。天満宮の地続きに移設する。往時の三段の三手先から突き出した尾垂木《おだるき》（社の軒先から斜めに突き出ている垂木）などのある社ではないが、お宮および鳥居などを建立して、鎮座されている。

初詣

例年のことだが、一年の計は元旦にあり、初詣は一年の出発点、その第一歩はまず、地元の氏神様へ家族揃って初詣と決まっていた。神前に日頃の感謝をささげつつ新しい年のご加護を祈ることから始まる。わが集落の神社は一の鳥居がわが家と隣家の庭の先にあり、そこから三〇〇メ

往時の白山社の社（写真提供／南砺市立中央図書館）

ートルほどの場所に二の鳥居があった。わが家の敷地北側から背戸の坂道を「く」の字型に一〇〇メートルばかり参道を登り、最後に十数段の急な石段を登りきると石造りの二の鳥居があった。鳥居をくぐると三〇〇坪ほどの平らな境内で、両側に狛犬さんがデーンと座っており、境内の杉の木はどれも太く、まっすぐに天に向かってそびえていた。その大木の周りを子どもの頃、何人で届くかな、と手をつないだものである。その時「一尋《ひとひろ》」という単位を教わった。一尋とは大人が両手を真横にまっすぐ伸ばした寸法で、約六尺（一・八メートル）の長さである。大木を計るのによく使った。

境内に足を踏み入れれば、真正面の奥に神社の建物が目に入る。三角形をしたオムスビ山を背にして、そこは別世界。凛《りん》とした空気に身も心も清められたような気がした。建物の中では欄間の周囲をぐるりと、所狭しと絵馬が掲げてあった。その絵馬はA3大の額に、勇壮な馬や、馬に乗り兜を被って弓矢を構えた武士の姿などが描かれていた。寄進者の名前などの文字なども記載されており、その彩色は実に綺麗なものであった。

明治初期以前は宮田といわれた場所に鎮座されていたという。当時の境内より一〇〇メートルほど南側で、そこは幼ない頃はすでに田や畑となっていたが、鳥居の礎石のみが存在していた。そのすぐ付近からは清水が湧きだしていて、その水は御宝水（おぼくさま水）と言われ、夏はみなから親しまれていた。化石の木の葉石があった場所はもう少し上である。この宮田地区は名の通り最古の宮の境内だったとされ、三〇〇坪ほどの畑があり、そのすぐ下には田が広がっていた。境内の端には明治以前の鳥居の土台（礎石）があり、ボウフラがよく湧いていた。ぴょこぴょこと動き、それをすくい捕るのが実に楽しかった。何匹採ったかをよく競ったものだ。

京都東本願寺への巨木寄進

刀利の人たちは大変信心に篤く、各時代の要所要所で中央に対して浄財やけやきなどを寄進してきた。明治一五年（一八八二）の京都の東本願寺大改修時、鎮守白山社の大けやき（周り一丈余、長さ七間四尺）を寄進。越中からは何本も寄進したが、その内の巨木は二本で、その内の一本だという。その横梁は仰梁になっているという。

当時はまだ福光への道路は道幅も狭く、ノゾキ（現在のダム付近）を越すこともできず、冬期は雪崩を避け、たかつぶり山を迂回していたが、巨木を運ぶにはこれもかなわなかった。そこで奇想天外の発想で、集落の前を流れる小矢部川を渡し、金沢方面への峠まで引き上げ、前坂から丸山の刀利越えで、そこから北に尾根を横断して横谷峠へと引き上げていった。そして小院瀬見《こいんぜみ》におろして、綱掛から小矢部川を利用して伏木《ふしき》港（小矢部川の河口。富山の西側にある港で、古く万葉の頃から沿岸交易の要港として栄えてきた）へと運んだそうである。その引き上げの様子は時代絵巻そのものであったと言われている。

小矢部川の流れは昔から富山県の五大河川の内でも最も流れが緩やかであったので、古くから網掛（地名でもあるが、その語原は、船を岸につなぎとめる所の意）と言われるくらい船運が盛んで、穀物などを伏木港へと運んだという。

水天宮様

度重なる大洪水に悩まされ、大正七年（一九一八）に建立。赤いよだれかけを掛け、季節のお花と供え物がいつもあった。乾菓子や饅頭など美味しそうな供え物であったが、盗って食べる人はいなかった。供え物を盗るとバチがあたると言われていたからである。毎日学校への行き帰り、その前では必ずお辞儀をして、感謝の心を捧げた。

水天　※3

滝谷《たきだん》の不動様

吊り橋の前、大岩の上に不動様が鎮座していた。洪水に苦しんだ滝谷の村人たちが建立した。ダム水没により滝谷集落の上

小学校校庭前の道路竣工開通記念碑の前で（昭和34年）

（現在の新道路）に安置したが、平成の時代になり、台座だけ残して本体の不動様は不明となった。

二宮金次郎の銅像

戦後すぐに取り壊されてしまったが、小学校の校庭（道路竣工開通記念碑の横）に二宮金次郎の銅像があった。滝谷集落方向へいく南側の橋のたもとの、八重桜の木の付近にあり、そのそばには砂場や鉄棒があった。毎朝ラジオ体操の時に目にした光景である。

修路記念碑

小学校の校庭にあった道路竣工開通記念の「修路記念碑」、大正一三年（一九二四）五月に建立されたが、水没のため、現在の山崎公園より五〇〇メートル上流の新道路脇に移設。

土手の道の改修

戦時中、小学校一年生になる前の五、六歳（昭和一八、一九年〈一九四三、四四〉）の頃、毎年金沢の第七連隊（第九師団）から、訓練のため、陸軍の隊列が「刀利越え」で丸山の峠から山道を下ってきた。小矢部川の刀利橋を渡り、四里ほど川下の立野原演習場へと行進して行く光景に憧れ、馬にまたがった軍人さん（将校さん）や、カーキ色の軍服と銃剣を肩にした歩兵たちの隊列の後を追いかけ、一緒に行進して行ったものである。昭和二〇年の小学校入学までは、子どもたちの将来の夢は「末は博士か大臣か大将になること」であった。

金沢方面から刀利に来るとき、横谷集落から丸山の峠までは、せせらぎの谷間を縫いながら登ってくる悪路であったが、この丸山の峠を下る刀利側の道は山越えの道にしては幅のある比較的歩きやすい道であった。しかし、この道路の改修以前は陸軍の訓練中、坂道を下る際に馬が滑って足を踏み外すなど、怪我をすることがたえなかったという。

木の葉石（化石）の行方

わが家のすぐ上・宮田のそばに「木の葉石の化石」があった。七〇〜八〇センチの丸形の石で、

峠越えを見送る（昭和34年）

その傍らから流れ出る清水をかけると、木の葉がくっきりと浮き出た。貴重な石だと言われていたが、ダム工事の時どこへともなく持ち去られたという。

下刀利の宮前での見送り行事

昔から村を離れる人を見送る時、富山県側ではノゾキまでの見送りの行事が定着していた（学校から約二キロメートル）。低学年や大半の人は約一キロメートルの下刀利の宮前で別れをする。さらにそこから一キロメートルほど先のノゾキから姿が見えなくなるまで、くねくねとした山あいの道から姿が現われるたびに別れの絶叫。「先生、さようなら！　さようならぁー、元気でねぇー」いつまでも、山あいにこだまする。そしてノゾキの車よけの小さな広場では、はちきれんばかりの声を振り絞り、最後の別れの手ぬぐいや棒を振る。ノゾキの角を曲がって姿が消えると見送りの人の心が一瞬さみしくなる。

それまで一緒に暮らした人たちが村を離れ、嫁にいった人、兵隊に送り出された人など。村人の大人も子どもも総出で昔から繰り返されてきた光景である。学校の先生だけでも高野先生、渡辺久先生、水口先生、溝口先生二人、高橋先生二人、坂田（旧姓鈴木）先生、浦田先生、富士澤先生、大見先生。私が金沢にでるときも、同じように丸山峠に向かう葛沼の曲がり角で、姿が見えなくなるまで見送られたのだった。

村の学校（山崎 兵蔵《ひょうぞう》先生）

刀利の教育は明治の初めに教育制度ができたが僻地免除地となっていた。そこで村長はじめ伝右衛門さんらが嘆願書を提出し、明治三二年（一八九九）二月一〇日、村議会で刀利分校が設立されることとなった。二・五×三間の古家を移築し、校舎にあてた。

当初は村の知識人が教えていたが、明治三四年（一九〇一）五月、山崎兵蔵青年が教師として僻地の太美山小学校刀利分校に迎えられた（当時は太美山尋常小学校、その後国民学校に）。着任して以来五六年間教鞭を執る。昭和三六年（一九六一）三月に退職。九月二〇日のダムによる解村式と同じ日に、刀利の恩人・山崎兵蔵先生の銅像の除幕式が行われた。

小学校卒業記念（前列右から３人目が山崎先生、後列右から５人目が筆者）

小・中学校全景（刀利分校）

明治三四年以来、六〇年近くにわたり住み慣れた刀利の学校を去り、綱掛の生家に移り住むことになった。その時山崎兵蔵先生は「村人とともに親子のように、あるいは兄弟のようにして住み着いたこの地、飲み慣れた谷内ヶ谷の水は八功徳水《はっくどくすい》（仏の浄土にあるといわれる水で、八種の優れた功徳をそなえている）の水。刀利は極楽であった」と涙ながらに謝意を述べられた。

村人の悩み事や、地域の発展のために積極的に行動し、啓蒙し、貢献した。自らの俸給をはたいて早くからラジオ、蓄音機などを購入し、金沢から自らの背中にオルガンを担いで村へと運んだこともあった。

著者の展覧会習字「生命の御親」と山崎先生（中央）

昭和二六年（一九五一）、山崎兵蔵先生勤続五十周年記念式典が行われ、高辻県知事ら一行七〇名も視察にきた。展覧会・学芸会・中河内の獅子舞を披露した。私が中学一年生の年で、杉の青枝で囲った歓迎のアーチ、それと坂田先生の指導の下、谷島君と共同で作った「祝五十周年」のモーター式のネオン塔（式典の前にモーターを焼かれ、悔しい思いをした）、などが印象に残っている。

山崎兵蔵先生は、明治二〇年一月一一日（一八八七）生まれ。昭和三八年三月（一九六三）七六歳で死去された。

三 村の行事と春夏秋冬

峠に姿が消えるまでお見送り

1．春

三月のひな祭り

蔵から雛人形を出してきて床の間に並べた。一階の床の間にひな壇をこしらえ、何時間もかけて並べるのであるが、三つの大きな木箱の中から出てくる二百個以上の大小さまざまな雛人形はいずれも陶器であったり、動物や色の付いた土雛であった。今日のような布でできた五段飾りの雛人形はほとんどなかった。床の間の端から端までびっしり並べた。取り出しながら上段には小さいもの、手前の下段には大きい雛人形と、子どもの受け持ちとして一生懸命工夫をしながら並べた。

飾り付けが終わると、今度は餅やあられを載せる三宝を用意し、餅つきが始まるのを毎日首を長くして待つのである。菱餅《ひしもち》は赤、緑、白の三色で、紅《べに》を入れた餅をつくるのである。あられは豆を煎って熱い内に砂糖やきな粉、小麦粉をまぶしたものや、餅を五ミリ角ほどのサイの目に切ったものを油で揚げたものであった。

甘酒が一番最初になくなった。豆やサイコロ餅はいつの間にかなくなり、頭の黒いネズミに食べられたと夕食時にいつも話題になるのである。わが家では美味しいものや珍しいものがいつの間にかなくなると「頭の黒いネズミに食べられた」という言葉が食卓の話題になるのであった。

この土の雛人形は今から一五〇年余り前の一八五〇年頃（安政年間）に富山藩主十代目の前田利保が尾張の加藤家の陶器職、広瀬秀信を富山に招き、千歳焼として世にだしたものだそうで、呉羽山《くれはやま》の粘土を臼でつき、土型につめ、六百度くらいで焼きあげたものである。

明治時代の初め、禄《ろく》を失った士族が生活のため、人形作りをおこない、以後昭和の初めまで盛んに作られたとのこと。わが家の土雛も買い増しされて、毎年床の間に並べられた。代々の先祖たちが「どんこ（袖のない綿入れ胴着）」を着て、一つひとつそれぞれの思いで飾った姿が何となく想い起こされる。

セン菜

わさびの葉。加賀の方言で「セン菜（葉わさび・わさびの若芽。ぴりっと辛く、酒の友にする）」がある。わが家の広い田圃があったイケンダナの下（くいもん沢）にセン菜が生えていた。藐姑射谷の北側、田圃の脇。高い土手の上に五坪ほどの長細い傾斜地があり、清水がさらさらと流れ、小石がごろごろしていて、春になるとその間から一面に青い葉が伸びた。その根は「わさび」であった。これも先祖が栽培に興味をもち、植え付けたものであった。

著者の家の前に立てられた白山社最後の秋祭りののぼり。家の横に参道があり、後ろに白山社があった。（写真提供／南砺市立中央図書館）

春・秋のお祭りと五反《ごたん》引きの大幟旗《おおのぼりばた》

家の後ろにある白山社の五反引きの大幟旗はいつもわが家のお蔵に預かっていた。祭りの前日になると村の人たちが仕事を早めに切り上げて集まってくる。わが家の下段の庭先に一本、隣の宗次郎さんの庭端に一本、蓋をしてあった大きな石を除けて中の土をかい出し、一五メートルほどの木でできた支柱を立てる。

根元を押さえ、総出で大変長い支柱を、梯子などを利用して徐々に引き上げる。まっすぐに立て掛け、添え木を両側に入れ、くさびを打ち込んで固定する。そして「五反引きの大幟旗」である白い幅二メートル×長さ一三メートルの木綿の幟をゆわえつける。何と書いてあったか定かではないが、幟旗があがるといかにもお祭りがきたという実感が湧いた。雨が降りそうになると急いで幟を降ろしたものだ。三人がかりで幟を折りたたみながらロープを緩めるのである。子どもの頃、これがまた面白かった。

田植えの時期のご馳走

六月初めから中旬にかけて、村の早乙女たちや里から田植えの応援に来てくれた早乙女たちに「こべり」(おやつ)、昼飯の「ほうばめし」(朴《ほお》の木の葉に包まれた《きな粉入り》のにぎりめし)、たくあんの漬け物を配った。

その晩のみそ汁は、必ず小豆を入れたみそ汁に、ミョウガの新芽である茎を細かくきざみ込んだものであった。これは実に美味しいものであったが、これを毎年決まって田植えの時期にご馳走したのには、大切な理由があったのである。

小豆にはそのサヤの中にたくさんの実が入っているように、稲穂にもたくさんの米粒が実るようにとの願いがあり、ミョウガの新芽である茎は田植えの早苗にみたて、ミョウガの新芽のごとく青々と、すくすく伸びるようにとの縁起を担ぎ、祈願したものである。

田圃の水管理

田植えが終わったかと思うと、今度はすぐに畦《あぜ》に植える大豆の移植である。畑にびっしりと隙間なく蒔いてあった大豆（枝豆の苗）を田圃の畦に植えかえるのである。竹のへらで一尺（三〇センチ）間隔に穴を開け、そこに七、八センチに育った枝豆の苗を二本くらいずつ植え込むのである。二週間もすると一面の田圃の稲とともに、その畦も青々とした濃い緑一色に輝く。時には畦に直接種豆を二粒ずつ蒔くこともあった。

田の水管理の時期になると、毎朝学校の行き帰りに姉と兄、そして自分の三人で手分けして水の水位を管理した。姉も畑仕事に行く年頃になると、水管理は兄と二人きりになってしまったので、遠くの田圃まで足を運ぶのがとても大変だった。

学校までの道すがらの田圃は私の仕事、兄は川向かいにある葛沼やバンドジマなど少し遠いところに、さらに遠くて数の多い合戦田、藐姑射谷などのソラヤマからイケンダナまでは姉の受け持ちと、分担が決まっていた。そのうち妹も小学生になると受け持ちの分担が決まり、順に下がってゆくのである。

田に流れ込む水の量を考えながら、多く入れ過ぎると水温が下がったり、水が溢れたりして、折角の肥料を流してしまうので、少なすぎてもだめ。ほどよい水面に達したら水の流れが止まり、それ以上田圃の中に新しい水が入らないよう、いい塩梅《あんばい》に加減するのがこつであった。小石一つを置く位置で、田圃の中に入る時間と水量とを判断する。これは経験と勘である。田の端から端までちゃんと水が回っているかどうか確認しながら、狭い畦道をひょいひょいと次の田圃へとすっ飛んで行くのであるが、すべての畦には大豆がびっしりと植えてあるので、狭い畦道はますます狭く、豆を踏みつけないように、朝露でズボンの裾をずぶ濡れにしながら、毎日順序よく回ったものである。

合戦田などの棚田は小さな田圃が入り組んでいるので、それこそ狭い畦道を順番に効率よく、短い時間ですっ飛んで行くのである。柔らかいところを踏み込むと思わずズブズブと泥の中に足をとられる。足を踏み外さないようにするのが一つの技でもある。

中学校の恩師・二野井（旧姓長谷川）先生から近年いただいた年賀状で、自分のことを「刀利の二宮金次郎」と呼んでくださったが、「薪を背中に背負いながらでも書物を読む」、そういうことを学校ばかりでなく家庭でも、日常「耳にたこができる」くらいしっかりと教育されてきたために、自然と身についたものだとおもう。

夜の水まわりの時には、田ごとに映る水面の月明かりを頼りに、田の水を見て、水路の土盛り調節をする。初夏には蛙の合唱が夜通し聞こえ、畦に植えられた緑の大豆の葉で区切られた小さな田圃には蛍が飛び交い、そして空には満天の星と天の川が見えた。

2. 夏

ジョウバの葉入りの餅

昔はジョウバ（リョウブ）の若葉を食料に利用したとの言い伝えがあったが、幼少の頃はそのようなことはなかった。わが家では多忙であったので、子どもたちがイケンダナという場所に行って探してきて親にねだり、お餅に入れたり、乾燥させ、粉にしておにぎりやご飯のふりかけにしたりして二度ほど食べたことがあった。好奇心と珍しいこともあり、美味しいものであったと記憶している。

ジョウバ

菖蒲湯

端午の節句から一ヶ月遅れの六月に菖蒲の葉を刈り取り、風呂に入れた。独特の香りはとても良いものであった。葉の肌さわりも刺激があり心地よかった。この菖蒲やヨモギ湯にはいると病気にならないと言われていた（血圧を下げ、血の巡りをよくするらしい）。

現在も続いている「ねつおくり」の行事

ねつおくり行事

土用の三番（冬、春、夏、秋と年間に四回ある土曜のうち、三番目の夏の土用・七月二〇日から一八日間）に「ねつおくり」という行事をおこなった。稲熱病《いもちびょう》の防除を祈願するもので、飾り付けは今日の七夕の竹竿に似ている。それぞれいろいろな願い事を五色の短冊に書き、大きな青竹に結びつけた。村の長老たちが稲藁で作った人形や馬・牛などは実にうまくできていた。それに半紙をひらひらと結びつけ、鎮守の杜の白山社でお祓いをうけ、御神酒《おみき》を頂いた。

毎年、輪番制で各家の庭先に集合し、当番の家ではお婆さんや嫁さんが腕をふるった。新ジャガイモとサヤエンドウの煮っころがし、鰊《にしん》の昆布巻きなどをご馳走に酒盛りを行い、青年と子どもたちは青竹をかつぎ、みながそれぞれの家の田圃へと散ってゆく。「ネーツオクルバーイ、ネーツオクルバーイ」と言って一枚一枚田圃の青稲をなでるようにしてまわって行く。

大人は村の要所要所へ太鼓を運んでは打ち鳴らした。わが家では姉弟総出で手分けしてまわるのだが、ソラヤマから薮姑射谷そしてイケンダナへと田の枚数が多くて広いので、バンドジマまでまわってくると、いつも刀利橋の上に集合するのが最後になった。さらにすぐ上の葛沼の田圃へと駆け足で廻ってくるのであった。

アカイバなどの田圃は伝右衛門さんたちが「一緒に祓ってあげたよ」といつも言ってくれていた。先着の子どもの中には川に入って泳いでいるものもおり、刀利橋の上では村中の連中が集まってきて最後の太鼓をたたき、青年男女、子どもたちがそれぞれの笹竹、青竹を川に流した。その流れをみつめながら、子ども心にも稲の生育を祈ったものである。

桑の実

戦後までは桑の木があちこちに残っていた。小学校で課外授業としてお蚕を飼育した事も二回ほどある。明治の末期から大正時代までは、わが家も例外なく蚕飼育に力を注いでいたようで、蔵には蚕棚に使う独特の形をした支柱等の用材や、竹で作った網が山のように積んであった。戦前までは桑畑がたくさんあった。戦後はその桑畑も伐採され、古くなった桑の木は良質の火持ちの良い薪として重宝された。

赤黒く熟した桑の実は甘く、本当に美味しいものだと思った。蟻が好んで食べたのでよく見ないで食べると、蟻と一緒に口に入れてしまう事もあった。また、竹筒に穴を一つあけて竹鉄砲を作って中に詰め込み、押し出してその汁をチュウチュウと吸うのも美味しかった。口の周りを真っ赤（紫色）にして。実をとった手も真っ赤であった。村の北はずれの赤坂という場所にも大きな桑の木がたくさんあり、その上に登って採るのであるが、折れやすく、結構冒険で危険であった。

この赤坂という土地は赤坂半兵衛の屋敷であったのだが、明治の初め北海道へ移住した後、祖父や父がその屋敷跡に植えた桑の木であるが、あれほどに大きくなっていたのである。桑の木は茶簞笥《ちゃだんす》等の家具や食器に利用されたという。蔵の二階に上がると桑の木で作った茶簞笥や食器があり、「先祖が苦労して運び出し、木地屋・杓子屋に加工してもらって作ったものだから、先祖の苦労を偲んで、古くても大切に使いなさい」とよく言われた。

お盆

お盆や祭りになるとふるさとを離れた人たちや親戚の人が必ず集落に集まってきた。特に金沢

集まってきた人たちでお盆の法要（谷口家）

お盆には姉妹がみな集まった（母屋の縁側で）

方面からの往来はわが家からは一目瞭然で、丸山の峠から下ってくる姿が手に取るようにわかった。通りすがりに、遠くからでも声を掛け合い、みんなそれぞれ挨拶をする。誰がきた、誰が帰ったとすべてがわかるのである。

ナトコの映写会

戦後は、「ナトコ」（GHQが日本に寄与した16ミリ映写機、Natco＝National Company）の映写機での映写会が度々催された。学校の薪炭倉庫兼用の体育館が産品でふさがっている時は、校庭で映写会をしたこともある。あるいは、雨で校庭が使えない時などは盆踊りをわが家の大広間で行ったこともある。

3．秋

稲架《はさ》作り

お盆が過ぎると一ヶ月で秋祭りを迎える。集落ではこの一ヶ月間は炭焼きに精を出す時期であるが、田圃が多かったわが家では炭焼きは副業となり、あまり時間をとれなかった。わが家は通常、田植えが終わってからお盆までの二ヶ月ちかく、お盆から秋祭りまでの一ヶ月、それに稲の刈り入れが終わった一〇月中頃からの一ヶ月が炭焼きのかき入れ時であった。

田圃いちめんに稲架が

それでも九月に入ると早々に、秋祭り前後にかけて五面ほどの稲架（刈り取った稲を乾燥させるのに利用）作りと稲刈りに忙しく、稲を干す稲架作りをするのも大きな仕事であった。豊作の年や雨の多い年は稲架の長さを長くしたりしたものである。近くの山から木を切って来て、捩《ねじ》り縒《よ》ってロープの代わりの「ねそ」にする。縄のロープよりも丈夫で、がんこ（強力）に締め付けることが容易であった。

「アマ」というわが家の四階天井裏から長い竹竿を引き出し、五面の稲架作りには何百本もの太い竹竿を稲架場まで運んだ。子どもにとってはこの竹竿の引き出しは結構楽しいものであった。太いものは七、八センチの直径があり、一二メートルほどの長さの竹竿を列車のごとく引きずった。

稲架作りはまず支柱を立てる穴掘りから始まる。この穴は位置が決まっていて、毎年稲架の解体の時に藁を詰めておくので比較的簡単に見つけることができた。穴掘りも、中にこぼれ落ちた土を「チイサミ」という道具ですくい上げながら取り出した。八〇センチほどの深さであった。支柱と斜めの支え柱を「ねそ」でしっかりとねじりながら締め付けるのである。

台風などにもびくともしないしっかりとした稲架を毎年作った。長い竹竿を横にして、支柱に縛り付け、四〇センチ間隔で一〇段から一一段あった。梯子一つで、四メートル余りの高いところで両手を離し、下から放り上げてくる稲の束をつかみ取り、両手で稲束を二つに広げて、竹竿に掛けてゆくのである。身が軽くないとなかなかできないことではあるが、結構楽しかった。

稲の乾燥もすみ、何回か稲干しの回転が終わると、小豆や大豆、雑穀の乾燥をし、それも終わると一一月末から一二月初めにかけて、雪が降らないうちに今度は稲架を取り壊すのである。支柱は現場近くで収納、茅で屋根をつくる。長い竹竿はまた母屋の四階のアマへと運び込み、収納するのである。アマは居間（台所・タナマエ）の上で、囲炉裏の煙が抜けていく構造なので、ススによって竹竿に虫がつかないようになり、雨にあたっても腐らないのである。

神様の見送り

一〇月三一日の夕方には、出雲へ「チョウハイ（朝拝）」に旅立つ神様のおみやげにするおはぎ（かい餅と呼んだ）が間に合わなくなると言って、いつもより早く（稲を稲架に掛けるのももどかしく）野良仕事を切り上げて急いで作った。餅米を炊いて里芋を入れ、すりこぎですりつぶす。さらに小豆を煮てすりつぶしてあんこにする。ここまでの作業は「子どもの分担」であった。姉や大人たちが帰ってからおはぎの形に丸めるのは「大人の分担」であった。

報恩講様のお参り

「ホンコサマ（親鸞聖人の命日に、報恩のため家々にお坊さんを迎え、親類縁者を招いて行う法要）」と呼んでいて、晩秋の木枯らしが吹く一二月初め頃に、門徒寺から坊さんがやってくる。秋の取り入れもすっかり済んで、冬支度もほとんど終えていて、収穫した素朴な材料で精進料理をつくる。ゼンマイの壺、あつもの椀、里芋の煮しめ、かぼちゃやナス、ススタケ、厚揚げの煮物、寒天のえびす（溶き卵を寒天で寄せた行事食）、ゆべし、ハモの吸い物椀、するめイカの甘露煮（佃煮）、ミカンなどが添えられた。

赤い御膳に一の膳、二の膳とあり、この日は小さい子どもも全員一人前にちゃんとした赤い御膳が与えられる。数日かけて親戚同士全員がそれぞれの家にお参りし、順次渡り歩く。材料や品

現在行われている報恩講でのお斎《とき》（写真提供／東本願寺）

はみな同じだが、それぞれの家の祖母や母たちが腕をふるい、味を競う。この「報恩」の心は「恩徳讃《おんどくさん》」にでてくる「如来大悲の恩徳は、身を粉にしても報ずべし。師主知識の恩徳も、骨を砕きても謝すべし」からきている。

せせらぎの小川での里芋洗い

わが家の屋敷の南側に沿って流れる小川に芋洗いの機械を据え付けた。里芋を洗う時、水の流れを利用してきれいに皮をむくのである。ある時、金具がはずれて扉が開いてしまい、里芋が流されてしまった。くやしくて屋敷周りをずっと離れた納屋のところまで三〇〇メートル、芋を探し求めて拾い集めたこともあった。

カヤの実（ガヤ）

榧の木になる実でアーモンドに似ている。秋に採り、乾燥させておいて、冬の夜お参りの時にお菓子代わりに食べた（煎って麦粉や砂糖でまぶし、ガヤ豆菓子とした）。

蕎麦がき

蕎麦粒を石臼で挽き、篩にかけ、粉を熱湯でかき混ぜる。なめらかで実に美味しいものであった。夕飯の後、父が「久しぶりに蕎麦がきを食べたいなあ」というと、次の日、私は姉と石臼を準備してそば粉を挽いた。石臼には五、六粒ずつ入れながら、ゆっくり、根気よく廻すのである。横着してそば粒を一度にたくさん入れたり、早く廻したりすると粉が粗くなってしまうのである。米粉にしても蕎麦粉にしても、豆のきな粉づくりにしても、いつも父母から言われた「お天道様《てんとう》が見てござる。横着してもすぐわかるから」の言葉どおり、実に根気が要り、忍耐力と精神修養にも役立った。

栃の実

大きな栃の木が屋敷の東南角にあり、秋になるとたくさんの栃（三〇メートルもの高さになり、白い花を咲かせて、どんぐりより大きな実をつける）の実が落ちた。手間がかかるのでなかなか食することはなかったが、祖母がまだ元気な頃（小学一年生・昭和二〇年）だったと思うが、一度だけ実を乾燥させて皮をむき、石臼で粉にしてトチ餅を作った。皮をむくのが大変なのである。

山葡萄や栗、アケビやイッツキ（山法師・山桑、ミズキ科の落葉高木で、夏白い花が咲き、実は紅くて丸い）、春グミや秋グミ、カヤの実、山イチゴ、いろいろな種類のモモ（赤、黄、毛モモ等）、甘柿や渋柿、その他、名も知らぬ野山の幸。当時、お菓子はなくても、いつも大地の恵みの中に季節のおやつがたくさんあった。

栃の実

雁の群れ

毎年、秋になると雁の群れが「く」の字形に、実に綺麗な隊列を組んで大空を自由自在に飛んでいく。飛ぶというより、流れているようにスウーイ、スウーイと。小川に浮くアメンボのごとく、急に方向転換しながら飛ぶのである。しかしアメンボは一匹だけで自由気ままに泳いでいるが、雁の場合は何十羽もの大群である。それがどうしてあのように綺麗な行動ができるのであろうか。実に不思議であった。

しかし、どの世界にもはみ出す者、異端者はいるものである。雁の場合はそれが異端者なのか、統率者なのか分からないが、大群が一斉に方向転換しているのに、なぜか一羽だけ、それに付いてゆけずに、惰性で群れからはみ出し、ォットットというように羽ばたいて、群れの隊列に復帰するのである。そして何もなかったようにまた、綺麗な雁形になって、すぐ前の丸山の峰を越えて大空の彼方に消えてゆくのである。わが家の庭先から見渡せる秋の風物詩であった。

丸山の霞網《かすみあみ》

丸山は、石川県との県境・医王山の南端で砺波山から続く連山である。小学六年生の頃までは集落の向かいの山（丸山）の峰に、毎年秋になると金沢からお爺さんとお婆さんがやってきて、霞網を張っていた。丸山の峰は平坦地であったので、小木の間に細い路地をたくさん作り、そこに霞網が縦横に張ってあった。付近には寝食用の茅葺きの三角小屋が建てられ、お爺さんは見張りや、捕らえた小鳥の整理や処分をしていた。お婆さんは捕れたツグミなどを金沢の町中へ売りに出かけていた。

子どものわれわれは、秋もたけなわになると、毎年小鳥をもらいに訪れた。時どきお爺さんの目を盗み、霞網に引っかかっている小鳥を捕らえようとするのだが、細い糸は子どもにはとてもはずせるものではなかった。名も知らぬ綺麗な小鳥がとても可愛いかった。

砺波山

砺波山（標高二六三メートル）は、石川県と富山県の県境で、倶利伽羅《くりから》峠から続いている連山である。古くは万葉集にもでており、鳥網（トナミ）を峰に張って、峠を越す鳥を取ることがあったという。鳥網山・トナミヤマ・利波山・礪波山・利奈美夜麻などとある。刀利のわが家の庭《にわ》前《さき》からも秋になると雁の群れや、いろいろな渡り鳥が丸山の峰を越えていくのが見えた。渡り鳥が峰を低空で越えてゆくので、それをこの一帯に設置した網で捕らえた。「鳥越《とりごえ》の霞網」として古くから日本海側の尾根で多く見られたという。

土生新《はぶしん》でのジャガイモころがし

姉の嫁ぎ先である立野脇から、毎年大きな甘柿をもらってくるのが楽しみであった。南京袋に一杯詰め込んだいくつもの袋を、姉がへこたれそうになりながら運んできてくれていた。が、ある年、姉が多忙なのと、待ちきれないのとで、福光へ用達に出かけた母親を迎えに行きながら、兄と一緒に、姉のところに柿をもらいに出かけた。甘柿を袋に詰めてもらい、一服していたが、待てども待てども母は戻って来ない。

しびれをきらして兄と福光への道を綱掛を通り過ぎ、蛇谷橋たもとでひとしきり待つ。そして吉見、舘、嫁兼の農協前を過ぎ、そしてまた、才川への道を選び、広瀬舘まで来てしまう。さらに歩いて福光の街の入り口「一本松（巴御前の松）」に着き、母の帰りを待つ（ここまでは一本道で迷うことはないのである）。しばらくしてようやく母と合流、帰路は土生《はぶ》の道から帰ってくる。

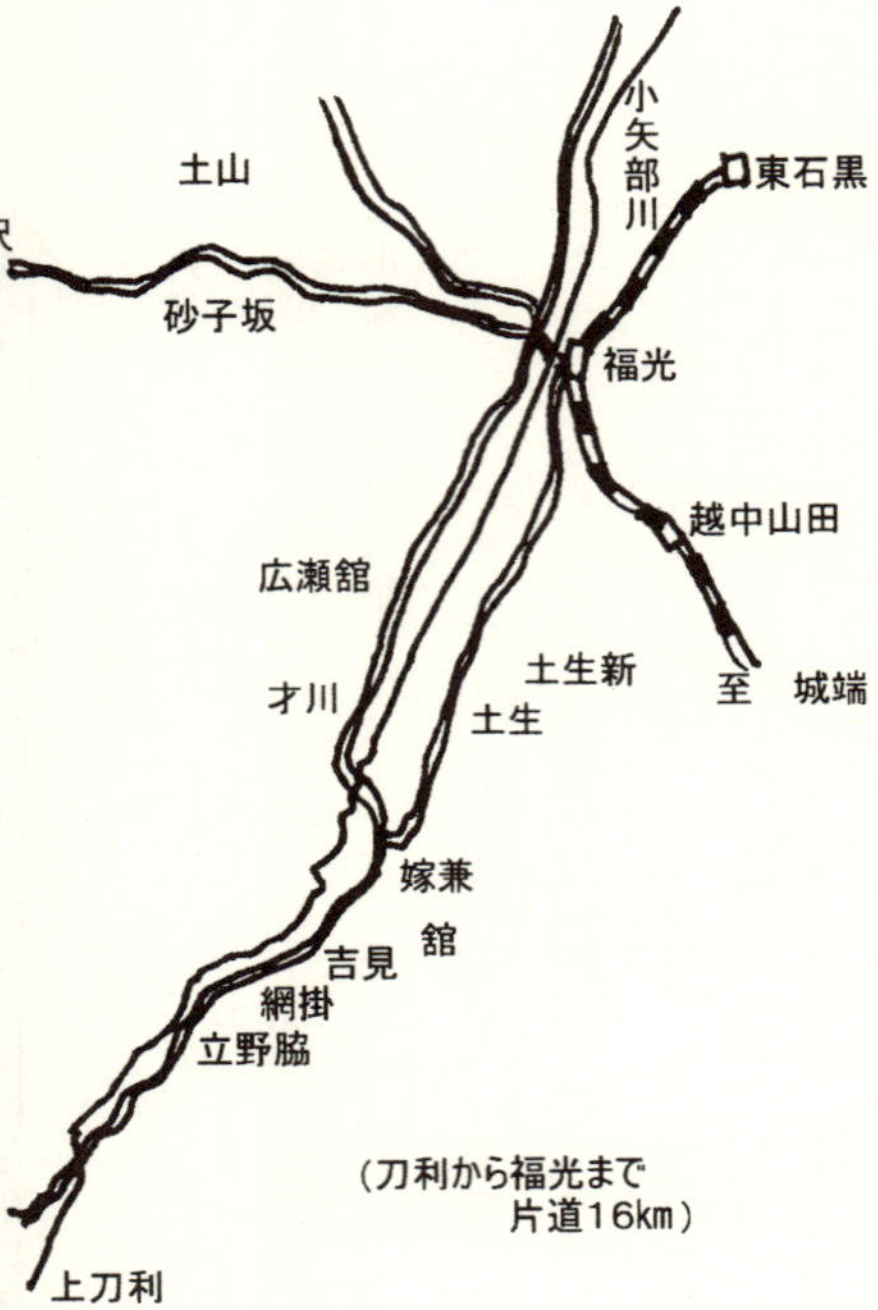

途中、重い種芋が入ったジャガイモの袋が破れて、暗い夜道にころころと転がって、道中の草むらのなかにはまりこんでしまい、探すのに一苦労した。当時の土生の道は馬車道で、道の真ん中にも草が二本の筋になって生い茂っていた。人も歩く時はおのずと草の生えていない、馬の歩く真ん中と、車輪が通る両端しか通らないので、道といえば真ん中に二筋の青い草がはえていた。その中に種芋が隠れてしまったのである。暗いガス灯を

頼りに手探りで拾い集めた。それこそ馬糞も掴んでしまった。
いつも夜道を歩きながら、一つひとつの集落を通過し、母から地域の事を聴き覚えていった。

4. 冬

冬に備えての支度

母屋や蔵、納屋の周囲をかきで覆う「かき作り」の作業（建物を雪から護って保護する）。藁で作った三角の覆いの中に大根などを保存し、真冬に雪の中から掘り出して使う。三階へ一年分の薪の搬入。カボチャ、白菜、ジャガイモ等も三階へ（サツマイモは縁の下の貯蔵庫へ）。

背戸の渋柿

渋柿は皮をむき、つるし柿にして干した。大木の柿の木は上の方まで竹竿が届かず、取りきれないで必ず残った。初冬にはあまく熟した柿が雪の上に落ちる。新雪のクッションで柿は潰れないで落ちる。これがまたすごく美味しかった。

居間から欄間の窓越しに見ていて、一瞬の風が吹き、木の枝から雪が落ちると、それに伴って熟した柿が落ちるので、頃合いを見て何度も探しにいった。新雪の上に穴があいて、落ちている柿が穴ごしに薄赤く見えるのである。今思うに、わが家の建物は北側を除いて、一、二、三階の三面とも前面は窓であった。

氷見《ひみ》の寒鰤《かんぶり》

年末から正月にかけて雷がなり、日本海が荒れ、吹雪いてくると「鰤《ぶり》おこし」といって鰤がたくさんとれるので、そのころ福光や金沢の近江町にでて鰤を買ってきた。その晩からは刺身、煮付け、大根との塩漬けなどいろんな鰤づくしがつづく。

囲炉裏ばたでの節分占い

二月の初め、節分になると、夕食の後、家族全員が囲炉裏を囲んで見守った行事で、一〇センチほどに折った「麻木《あさぎ》」の棒を一二本並べて、その年の気候を占い、予想する。燃え尽きた灰が囲炉裏の炎の風で飛び散ると台風の当たり年、燃えないで消えてしまうとその月は雨が多いなど。麻木の灰がきれいに燃えたまま、形が崩れなければ、穏やかな気候で天候も良く、豊作になるといった具合に。麻木の真ん中がその月の中旬、両端をそれぞれ上旬・下旬とみなして、実に細かくその年の気候を占い、予測するものであった。母が毎年これをノートに記帳していたのを子ども心によく覚えている。

昭和二〇年の終戦後までは、どこの家でも麻の栽培が盛んで、小学生の低学年の時までは麻畑に入ってよくかくれんぼをした。夏になるとどこの家でも、庭に麻の皮を剥いだ麻木の先を結わえた束を円錐状に立てかけ、傘を開くようにすると、実にうまく広がった。

何日間か、毎日繰り返し乾燥させたので、その間を抜けるようにして鬼ごっこなどをした。麻は皮の繊維を剥がして麻糸にした。麻木はかまどに火を付けるときに、火付きがよく、結構長持ちしたので、かまどの良き焚き付けとして、薪に燃え移るまでの重宝な「たき付け木」であった。

麻糸は糸車を回して紡いだ。

小豆粥《あずきがゆ》

二月中旬、屋敷近辺の桃の木や柿の木の幹に「小豆粥」を「こも（藁の包み）」に包んでくくりつけ、その年に実をたくさんつけるようにと祈った。「成りますか、成らんのか……」「成ります、成ります」と自問自答をするのである。実がたくさん成らなければ、この粥をあげないというものであった。この行事は小学校六年生の頃までおこなった。

針供養

女性たちの針仕事が一段落した二月頃または一二月頃、一年間使い古したり、折れたりした縫い針を供養するのである。女性たちはその日、一日中縫い手を休め、針を使うことは絶対になかった。父は毎年、四女の姉に、その日は絶対に針仕事をしないよう注意していた。

冬至のかぼちゃ

わが家では夏から秋にかけて収穫したカボチャを冬至の日のために必ず一個は残しておいた。三階の収納場所から、大きな三〇センチ大のカボチャを、階段からころげ落ちないようにしっかりと抱え込みながらおりた。田舎の家の階段は天井が高いので段数が多く、急な傾斜で、踏み込みも高かった。

樹皮の利用

シナ、キワダ等々が山に生えているところから、樹皮を剝いだり、腐らせたり、水や雪にさらしたりして、それをはばき（藁で作ったすねに巻き付けるもの・脚半）、ネコダ（藁で編んだ敷物）、バンドリ（藁で作った農民の雨具）等の編み込み材料にしたり、薬草にしたりした。

冬の仕事

草履やわらじ作り、蓑、俵編み、縄ないなど。

「灯火《ともしび》ちかく衣縫《きぬぬ》う母は……、いろりのはたに縄なう父は……」これはまさしくわが家の光景であった。囲炉裏を囲み、父や母、そして兄、姉の家族、あるいは近所の仲間と、夏に備えての野良仕事用の準備、藁仕事。お茶と漬け物を嚙み締めながらの語らい。お酒をくみ交わし、幸せな語らい、談笑。時には、夜には次々と各家の祖先を偲び、そして感謝するお経参りや法事。そこには素朴ではあるが、祖先をみつめ直し、その労苦を偲び、感謝し、そして豊かな自然の恵みに感謝する、いっぱいの幸せがあった。

雪晒《ゆきさら》し

藁仕事の作品が雪の上に晒してある風情で、父が作った藁仕事の作品はいずれも実に均整がとれていて、仕上がりが綺麗な作品ばかりだった。冬の間に次の年に使う一年分のものをすべて作った。毎日朝一番にその日に使う藁を打ち、一日中囲炉裏の端で下準備のなわをない、わらじや草履を作った。深靴と呼んだ雪靴（ゴム長靴の代用）や背負い用の縄をなったりした。

これらの作品を作るには膨大な量の藁を使った。この藁打ちは時々木曽さんのところに行って、水車で藁打ちをしたこともある。作られた作品は二、三階の長い竿にびっしりと掛けられ、収納された。わらじ、ぞうり、蓑、バンドリ、はばき、各種の背負い用の縄、ロープ、その他藁材料の作品。かやの材料で編んだ炭俵、よしずなどの作品。

母や姉たちは衣服の針仕事が一段落すると、手で縄をなって茅あるいは藁で作った各種の炭俵を編む。茅俵には木炭が折れていない三〇センチほどの定尺に切断されたものを入れる。藁の俵は炭が砕けた破片（小炭《こずみ》と呼ばれた）を入れるので丸俵にして使う。

俵の編み方は細い縄を巻き付けた石を前後交互に入れ替え、カチン・コチンと石がぶつかる音にリズムをとりながら、茅や藁を左右に折り返して編んでゆくのである。手を休めてさぼっているとすぐにそばの人にも判るのである。陽が差し込む二階、三階の作業場には近所の人も一緒に集まってきて、ワイワイ・ガヤガヤ喋りながら楽しく仕事をすることもあった。

雪上でのダシ

二月頃、ソラヤマから引き出す雪上でのダシや材木の曳きだしは面白かった。休ん場の上から横平に落とす時、急な斜面をダシや長い材木が転倒もしないでうまく雪上をひとりでに滑っていくと、兄は追っかけ、ちょうど目指した場所にピタリと停まると、父はいつもお天道様を仰ぎ合掌していた。雪の上での作業は晴れていてもホウ（表層雪崩）の危険がいつもともなっていた。

縄ない機でなった縄の丸束の山

炭俵を縛ったり、竹藪の竹を縛ったりするのに機械縄をなう。機械で縄をなうのは兄や姉。そして小学六年生頃からは私も含めた三人であった。足でペダルを踏みながら縄が巻きつくドラムを回転させ、藁を前後左右のラッパという穴に挿入するのであるが、リズムに乗らないと藁を注ぎ足すのが大変で、多いと太くなるし、少ないと細くなって切れてしまうのである。定められた均一の太さにするのが大切であった。

機械から取り外されて、毎日積み上げられていく太鼓状の縄をみると、心から満足したものである。それが何十本と山積みになるのであるが、秋も深まる頃にはその山もきれいになくなってしまう。

ウサギ追い（ウサギボイ）

そして厳しい冬も峠を越して、冬仕事も終盤になると、二月中旬からはウサギ追いが行われたりした。これは村の人たちの家屋内での藁仕事もやまを越した頃、そろそろ気晴らしのレクリエーションをと、村の若者たち総出で、晴れた日に山の上に白い網を仕掛け、下からホーイホーィと声を出してウサギを峰の方へ追いつめるのである。上では木陰で息を凝らし、ウサギが網にかかるのを待っている。

三月初めになると、鉄砲でのむじな、熊などの狩猟。むじなは穴の中に小枝を切って差し込むと、自分の後ろへ奥へ奥へと小枝を押し込む習性があるので、そのうち穴から出て来るのを待つのだと聞いた。

スキー、冬の楽しみ

スキーはほとんど毎日、学校の川向かいで疾走距離を競って遊んだ。裏のソラヤマ近辺では棚田の段差を利用して連続ジャンプの技量を競ったりした。冬も終盤、二月下旬から三月初旬にもなると、雪がしまり、表面が硬くなって、雪の上を自由に歩き回れるようになる（「カチコ」または「スンズラ」といった）。特に朝の授業開始前や、夕方気温が下がると、カチカチになっているので、学校の近くの傾斜地での遊びはスキーから「そり」にかわる。低学年から中学生まで、みんなワイワイガヤガヤとそりに乗ったり、根曲がり竹の青笹を切ってそり代わりにした。ある者は積雪のために木の又枝が低くなっているので、手軽に木登りをしたりして楽しんだ。そんな時、小さくて地味ではあるが「万作」の黄色い花が、もうすぐ春だと告げてくれていた。

豪雪の体験

人生でただ一度の豪雪体験。それは自然の怖ろしさ、厳しさであった。中学一年の真冬のある日のこと、吹雪の日に、金沢から帰ってくる予定の兄を迎えに出たときに体験した怖さ。

兄は金沢へ和裁を習いに行っている姉のところへ荷物（米・野菜・木炭。当時木炭は炊事用とともに暖房にも使っていた）を届けに出かけて行ったのだが、出かけたその夜から激しく雪が降り出した。

その雪は次の朝になっても降り止むどころか、ますます荒れ模様になってきた。時折ヒュウヒュウと地吹雪をたてて雪が舞っていた。横なぐりの、ある時は下から舞い上がる猛吹雪となってきた。兄はさぞかし難儀していることだろう。留守を守っていたのは私と妹と、年老いた父の三人であった。父と相談した結果、私が兄を丸山の峠を越えた横谷の集落まで迎えに行くことになった。

二キロほど先なので、夏なら三〇分ほどで行ける所である。丸山の峠を越え、雪をかきわけ、一歩一歩、スポッ、スポッと深い雪に足をとられながら、一時間余りかけてやっと横谷集落の先の村はずれまで到着。まもなく兄が板ヶ谷集落の方向から登ってきた。村はずれの西さんの家で藁をもらい、「ずら（雪に足をとられないように藁を重ねてまるくあみ込んだもの）」をつくり、兄は足にはいた。私は「かんじき（樏・雪に足がもぐらないように藁靴などの下につける輪状のもの）」をはいていたので先頭に立ち、先ほど通ってきた道をわが家目指して歩きはじめた。

横谷から丸山峠に向かっては、南東向きで平坦で、わずかな登り斜面なので、夏場なら十数分でたどり着ける距離である。しかし、北西の季節風に乗って背後から吹き上げてくる吹雪は強く、先ほど通ってきた雪道は、強風のため、かんじきの跡すらすっかり消えてしまっていた。おまけに背後から吹き付ける北西の吹雪は吹き上げながら舞い、自分たちの周りを狂ったように、つむ

雪にうもれた刀利の冬（写真提供／南砺市立中央図書館）

じ風のごとく前まわりで、前方からも顔面に叩きつけてくるのである。

一瞬目をつむり顔をそむけるのであるが、視界がさえぎられ、すぐ前の山並みはおろか、ほんの先も見えないのである。時たま、かすかに残る窪んだ足跡の雪道をたどりながら、先ほど通った道なき道をかんじきで一歩一歩雪をかき分け、踏み崩しながら、わが家に向かって丸山峠へと黙々と歩いた。

周りの山の様子もままならぬほどに視界が悪い。道がどこにあるのか、本当に難儀した。木のスコップ（コスケとよんだ）で前の雪をかき分け、一歩前に出し、次に後ろ足を前へ出すのであるが、雪が高くて足を持ち上げても踏み込めないのである。筆舌に尽くしがたく、経験したことのない人には想像もできないであろう。

丸山の峠を越して山の東（裏）側に入ったとたんに、

先ほどとはうってかわり、風も弱まり盆地のような刀利の集落が視界に入った。ほっとする。前に倒れ込むように勢いをつけて飛ぶように下るのだが、スポッ、スポッと雪の中に深くのめり込んだ足は、なかなか思うようには早くあがってこない。それこそ前足が深く沈み込まない内に後ろの足をすばやくもちあげ、前に倒れ込むように勢いをつけて、飛ぶように下るのだ。この宙に浮いたような歩き方は、下り坂で深い雪の中を歩く方法なのであるが、非常に体力を要するのである。

昔の人はこの丸山峠から刀利までの道を「舞坂」とも呼んだそうであるが、まさに転《ころ》げながら舞っておりるような雪の坂道であった。

子どもの頃はたくさんの雪が降った

昭和四五年（一九七〇）一月二三日、妻からの手紙に対して姉から返信がきた（その一部）。

「……例年よりも一か月も早く（一二月）大雪にみまわれてしまい、長い雪の中の生活が始まってしまいました。お天気が二、三日続けば雪が地づくので心配はありませんが、お天気なしで降られると、とても歩けたものではありません。フワフワで身体ごと雪の中に埋まってしまいます。そのために屋根雪を捨てるのに苦労します。毎日雪との戦いです。最近は家が小さいので昔のように苦労はしませんが、私たちの子どもの時は、大きな家で、隣が近く、屋根雪が落ちると隣の家にぶつかってしまうので、落ちないように雪止めを屋根につけました。そのため、二、三日に一回は雪下ろしをしました。

長い長いハシゴをかけて大きな屋根の雪下ろしですから、三人で少ないときは半日、多い時には一日めいっぱいかかりました。それに田舎ですから母屋の他、土蔵に、納屋に、鶏小屋などと三、四軒は一戸平均持って居りましたから、降る時は明けても暮れても毎日大人たちは雪下ろしに一生懸命でした。

私の家は男手が少なく、父と母と二人、弟たちも小さく、私たち女の子は学校の休みや帰ってからもよく手伝いました。

とてもつらかったけれど、今は懐かしく思い出しております。おなかをすかして家に入ると、祖母がテッキ（金網）の上にサツマイモやお餅をいっぱい載せて焼いてあるのを、カジケタ（寒さで手先が思うように動かない）手で、その熱いお餅を持ち、それで手を温めながら、フウフウいって食べたのも忘れがたいひとこまです。寛作もその中の一人として育ったのです。きっと心の一隅に思い出として残っていると思います。

今は田舎でも昔のような生活は忘れ去られて、何を食べても文句ばかり。遊んで食べるので昔のような味はありません。……」

雪下《ゆきお》ろし

今日のような温暖化の時代とは違って、刀利でも戦後までは毎年たくさんの雪が降った。一晩に二尺も三尺も降ると、それこそ二、三日に一回は雪下ろしをしなければならなかった。母屋の屋根の面積は一二間×二〇間程なので、屋根に登ると一番上の棟にたどり着くまで大変だった。何しろ屋根雪の深さが四尺以上もあるので、向こうが見えないのである。

隣家との間隔は、大きく離れているのではあるが、建物が高く、屋根の面積が広いので、雪止めをしたり、雪下ろしをしないと、重力でスピードが付き、遠く離れた隣の家にまですっ飛んで行ってしまうのである。すっ飛んだ時の様は轟音とともに雪煙がすごいのである。一回の雪下ろしでも庭に山のように雪が貯まってしまう。

そこで冬になるとわが家では家の周りを流れる小川の水を庭に引き込み、融雪に利用した。それでも一月も終わりになると屋根から下ろされた雪で、家の周囲には雪の壁と山ができた。

四　刀利の歴史雑感

村の人々と東本願寺に参詣

1. トウリとトナミ

刀利という名前がついたのはいつからかは分からないが、「トオリ」とはアイヌ語で「高いところの湖」という意味で、そこは山の幸が採れ、川や湖で豊富な魚も獲れる楽園だそうだ。東北日本には、アイヌの人々・縄文人が住んでおり、狩猟採集で暮らしていた。そのため、水のある山あいの高地（山嶺）に遺跡が多い。

それは、主に山の幸を求めて人々が暮らしたこと、そして移動は尾根から尾根へと行われたもので、それは富山と石川県境の稜線に近い福光町人母《しとも》（今はひとぼと呼ぶ方が多い）に縄文式土器が発見されていることからもわかる。特に現在ある集落より、はるか川の上手に多くの遺跡が集中している。立野ヶ原遺跡や立野脇の鉄砲谷遺跡は旧石器時代のもので、小矢部川流域の上手には二万年も前から人々が住んでいたことになる。弥生時代になると平野部がほとんどとなってくる。

また、トウリはイメージ的に想像するならば「忉利天《とうりてん》」、仏教用語でいうところの三十三仏が住む浄土の世界、楽園であるという意味もある。忉利天は須弥山《しゅみせん》（世界の中心にそびえたつ高山）の頂上にあり、中央に帝釈天《たいしゃくてん》の止住する大城があり、その四方の峰に各八天があって、合計で三十三天となる。

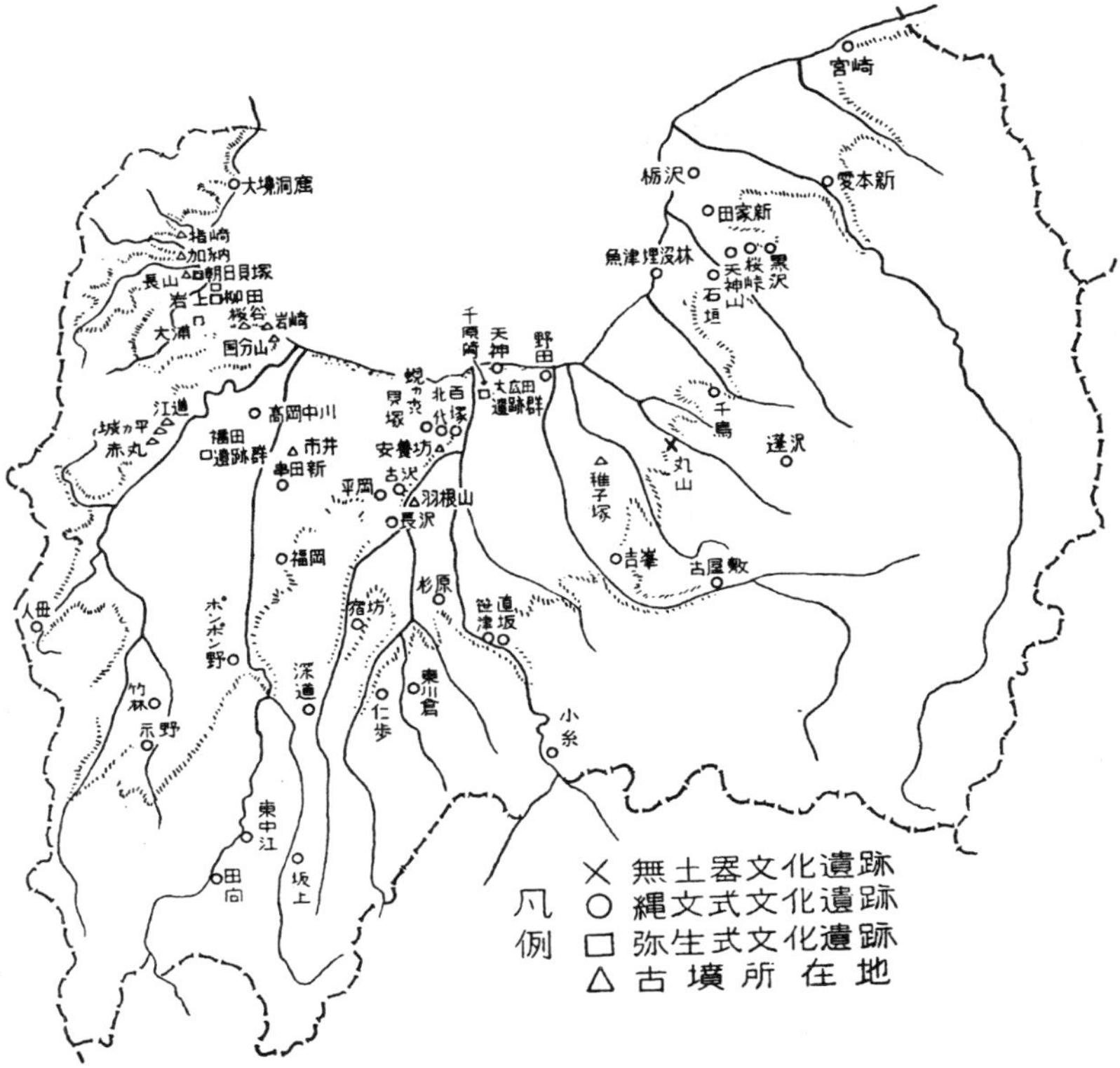
宮崎
栃沢
愛本新
田家新
魚津埋没林
桜峠
黒沢
天神山
石垣
千鳥
蓬沢
丸山
稚子塚
吉峯
古屋敷
野田
天神
千原崎
大広田遺跡群
蜆ヶ森貝塚
北代
百塚
安養坊
古沢
平岡
羽根山
長沢
杉原
直坂
笹津
小糸
東川倉
仁歩
宿坊
深道
福岡
高岡中川
福田遺跡群
市井
串田新
江道
城ヶ平
赤丸
人母
ポンポン野
竹林
示野
東中江
田向
坂上
大境洞窟
加納
朝日貝塚
長山
岩上
柳田
大浦
桜谷
岩崎
国分山
凡例
× 無土器文化遺跡
○ 縄文式文化遺跡
□ 弥生式文化遺跡
△ 古墳所在地

原始時代の富山　※4

地質学的には、東京大学の地震研究所が出している活断層の図面からもうかがえるのであるが、地殻変動によって断層ができ、ノゾキに裂け目ができて、溢れた水が赤壁と黒壁との断層の隙間をえぐり出し、立野脇方面へと流れ出たのではないだろうか、と言われている。

水が抜けたため、休ん場から下、水上谷、谷内ヶ谷にかけてソラヤマが大崩落し、その土石流でキリハタや城之腰、合戦田の扇状の地勢ができた。それまでは大門山の下の不動滝を源流とする小矢部川の水は、この刀利から金沢方面の横谷集落を通り、浅野川へと流れていたと言われている。

その根拠の一つはソラヤマのすぐ上の地・休ん場、横平あるいはソラヤマといわれる山の地勢・地形から、また赤壁、黒壁、谷内ヶ谷の赤壁、さらに中河内集落の上流の長瀞付近の岩の絶壁など、東側の山は総じて赤壁が多く、地滑りにより赤い岩壁がところどころに表出したと思われるのである。

刀利谷に人が住むようになったのは縄文の頃とも言われているが、定かではない。ただ、立野脇や小院瀬見集落の縄文遺跡からも、一里（四キロ）程度しか離れていない。わが先祖たちが住み着いたのは何百年前かはわからないが、千年とも言われている。すると平安末期にはすでに住んでいたことになる。

2. コシの国と医王山

古代においては、越中はコシの国といわれており、この地方より北は蝦夷が住んでいたとされていた。その後、奈良の東大寺の開墾田が越中の射水・砺波・新川の各郡に開かれ、砺波臣志留志《となみのおみしるし》が砺波郡に広大な墾田を持っていたという。天平四年（七三二）、越中の国司がはじめて任じられた。万葉集に登場する大伴家持が、天平一八年（七四八）、今の高岡市に赴任した時には、砺波山の歌を詠んでいる。「焼き大刀《たち》を　砺波（刀奈美）の関に　明日よりは　守部《もりべ》せりそえ君をとどめむ」と。

また、泰澄大師《たいちょうだいし》の頃には医王山の大池から白山を結ぶ刀利の峰・ズンドの道伝説もある。冬も終わりに近づくと雪が硬くしまり、雪上を容易に歩くことができたので、医王山（九三九メートル）から霊峰白山（二七〇二メートル）に続く一本筋の峰を歩くことは、一番近くて良いと考えられたこともうなずける。泰澄大師は和銅三年（七一〇）越中の国砺波郡医王山に道場（天台密教の霊場）を開いた。

泰澄大師は加賀の白山山岳信仰を開き「越の大徳」と呼ばれた偉い坊さんで、天武天皇一一年（六八二）六月一一日、越前（福井県）に生まれた。養老三年医王山に四八の寺院と、末寺をあわせると三千に余る坊舎を建立、文明年間（一四六九〜一四八七年）に一向宗の湯涌谷農民によって全山が焼き払われるまで、奈良時代後半から南北朝期までの七五〇年余の間、天台密教として栄えたという。

3．源氏谷と平家谷

刀利より一つ山を越えた背後の臼中集落のことを平家谷と呼ぶとき、相対して刀利五ヶ村の刀利谷集落を源氏谷と呼んでいた。それは源平の戦いで落ち武者が逃れ、逃げ込んだ時代的背景にも起因する。臼中は平家滅亡の時に、刀利は義仲の死後、敗残兵が多くなだれ込んだことによるものらしい。

信濃から北陸へと攻めた木曽義仲は、石黒、宮崎太郎の案内で倶利伽羅峠の合戦（砺波山の合戦）で一〇万の平維盛を攻め、平家は惨敗。敗れた平家の武士たちが臼中へと落ちのびたといわれている。義仲は倶利伽羅峠で勝った勢いにのり、平家を追って京へと上るが、京での乱暴他で頼朝の軍勢に追われ、寿永三年（一一八四）福井の粟巣野で暗殺された。その妻巴御前《ともえごぜん》は福光石黒氏を頼ってきた（巴御前の墓は福光の一本松の根元にある）。

木曽義仲の敗北後、その残党、敗残武士たちは、砺波山の合戦の時、同志であった福光城主の石黒氏を頼ってきた。しかし頼朝の追討の手をおそれて、さらに奥の刀利谷へと遁入してきたといわれている。巴御前の侍女の「おさも」も刀利の出身であったといわれており、それとの関係

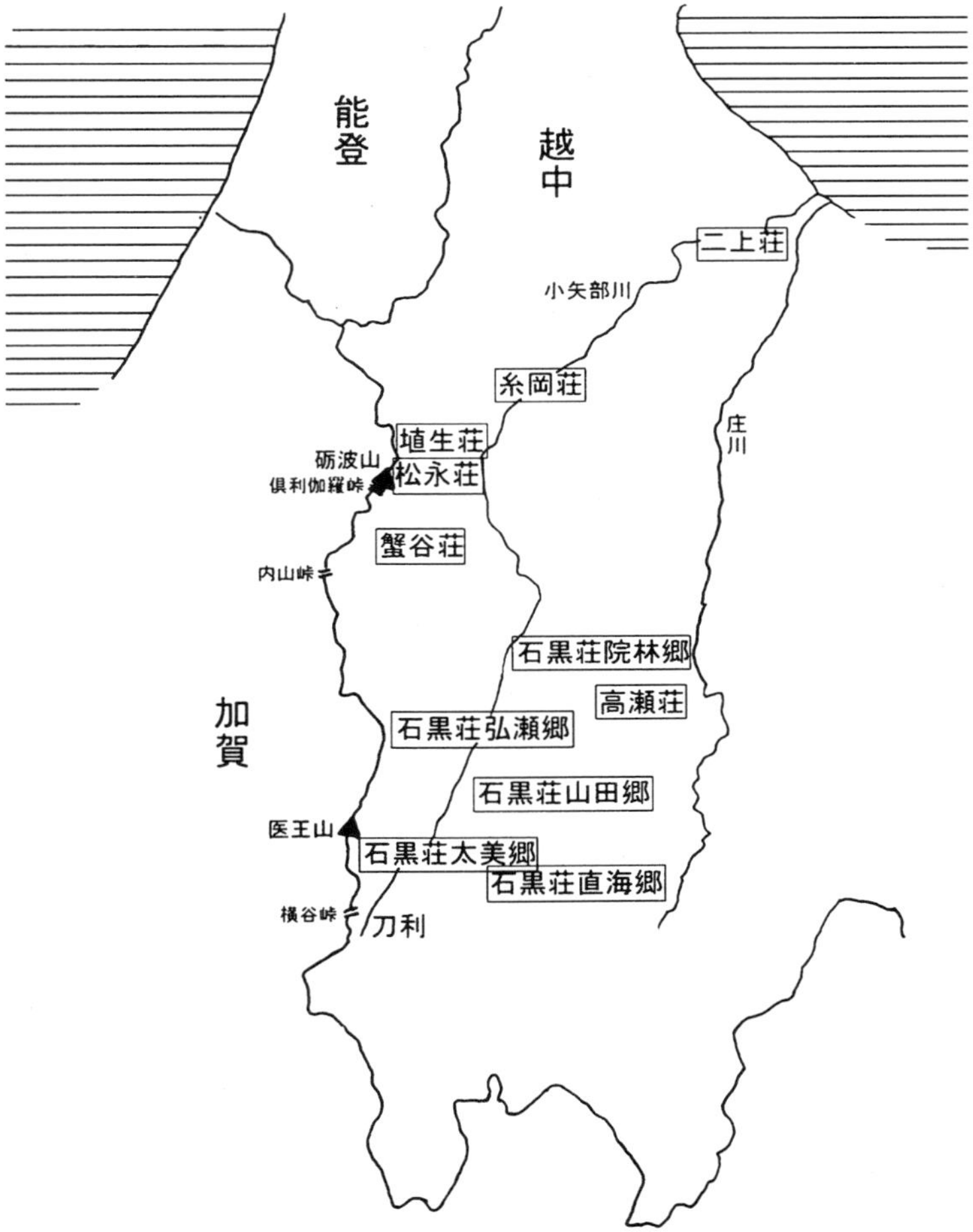
能登
越中
二上荘
小矢部川
糸岡荘
庄川
埴生荘
砺波山
松永荘
倶利伽羅峠
蟹谷荘
内山峠
石黒荘院林郷
高瀬荘
加賀
石黒荘弘瀬郷
石黒荘山田郷
医王山
石黒荘太美郷
石黒荘直海郷
横谷峠
刀利

越中の荘園地図

もあるかもしれない。

砺波山の合戦・倶利伽羅峠の戦い

砺波山の合戦は、源平合戦の中でも『平家物語』や『源平盛衰記』の中に大きくとりあげられているように、それは大きな意味をもつ戦いだった。平氏は保元の乱（一一五六年）の後、全盛期を迎え、越中においても国司となっていたが、在地の有力武士団の石黒光弘や福光五郎、宮崎太郎などは、反平氏の気運をもっていた。そこで、越後の国府にいた源義仲が全軍を率いて越中に入ってきた時には、近国の武士団は競って義仲に味方し、その軍勢は五万騎にもなっていた。

寿永二年（一一八三）五月一一日、平氏は続々と倶利伽羅山頂につき、猿ヶ馬場を本陣として十万余の兵は長楽寺から砺波山一帯に陣取った。

これを見た義仲は平野での戦を避け、兵を七手に分けて、峠にいる敵の大軍を七手に分けた兵で取り囲み、夜襲をかける策をたてた。そして日没を待ち、夜も更けた頃、突如として四方から鬨《とき》の声をあげ、ほら貝を吹き、太鼓を打ちならした。そして平氏を包囲して攻撃に出たのであるが、一方向だけは開けておいた。その方向は南であり、そこには地獄谷が口を開けていた。

鬨の声に驚き、暗闇の中ただ一つ残されていた南の道へと殺到した平氏は、谷底めがけて真っ逆さまに雪崩をうって落ちていった。こうして平家の大軍は一夜にして砺波山から姿を消してし

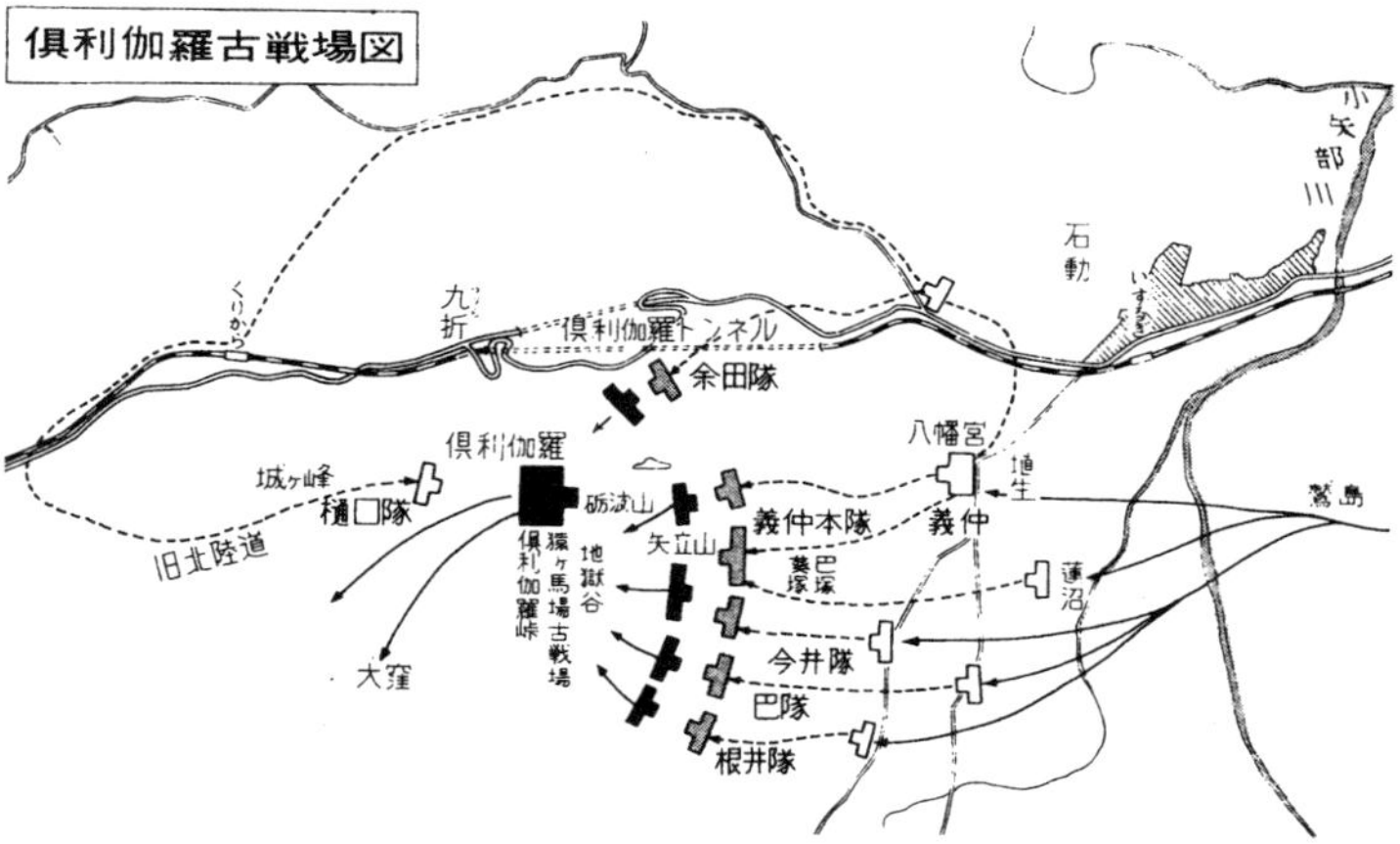

黒が平氏方の陣・灰色が源氏方の陣　※5

まったという。

砺波山はこのような源平合戦だけではなく、承久の乱（一二二一年）の時には官軍がたてこもって主戦場となったり、戦国時代にも度々合戦の場となった。

源氏谷と平家谷の今

源氏谷といわれた刀利集落も、平家谷といわれた臼中集落も今はない。両集落ともダムの底である。臼中集落のあとに建てられた「臼中の里伝承碑」には次のような文が記されている。

「臼中の里は、寿永（一一八三年）の頃、砺波山の合戦に敗れた平家の武士が隠遁（逸）百姓となり、この地に住みついたと伝えられている。……。以来、およそ八百年の歳月を艱難辛苦に耐え、田畑を開き村を守り継いできた。……昭和五十年聚落《しゅうらく》（村落、集落）全体が湖底となるダム建設計画が提示されたため住民に不安と逡巡の声があがった。しかし……昭和五十三年三月県当局と同意の調印を行うに至った。同年九月十二日の秋祭りを最後に……さまざまな思いを胸にこの地を去ったのであった。……臼中の里は永遠に湖底で静かに眠りこの地を守り続けるであろう」と。

このようにして両谷とも今は湖底に沈んでいる。

4．「真宗」への道

一四世紀末には、浄土真宗本願寺五代目宗主綽如《しゃくにょ》は二俣の善徳寺を城端に移した。また、至徳元年（一三八四）に越中へ下向し、現在の井波町に瑞泉寺（今日の井波別院瑞泉寺・浄土真宗大谷派）建立の準備をした。勧進状を用意し、明徳元年（一三九〇）三月下旬に京都を出発、加賀・能登等を回り越中へ下向する。

瑞泉寺の呼称は「此の地に霊水在り、故に瑞泉寺と称す」ということからきており、泉が湧いていた地に建てられた。綽如は越中に在国三年で没しているが、その後を如乗《にょじょう》、蓮乗が嗣ぎ、一四世紀末、越中井波の瑞泉寺はすでに本願寺系の大寺院となり、ここで培われた勢力は次々と各地に巣立っていったという。

六代目宗主巧如《ぎょうにょ》も北陸へ教化の手を伸ばした。綽如以後、草深い土地柄のせいもあり、一時は無住の寺だったこともあるようだが、巧如は瑞泉寺へ下向して、第三子の如乗（綽如の孫）を住持として瑞泉寺の興隆をはかった。如乗は加賀二俣本泉寺住職をも兼ねていた。後に勝興寺とともに越中真宗教団の中核となり、一向一揆の中心ともなった。

また、文明三年（一四七一）砺波郡蟹谷庄土山《どやま》にも一宇を建立。これが勝興寺（高岡）の前身「土山御坊」である。そこは医王山の入り口で、金沢への道のりは近いが険しい山々を越さねばならなかった。その点では刀利は金沢から浅野川、福光からは小矢部川と、どちらの道も川に沿って本流を上流へと上ればよかったので比較的緩やかな道であったと思われる。

真宗側と石黒・天台宗惣海寺側

越中では文明一三年二月（一四八一）、福光城主の石黒光義が富樫政親の求めに応じて、天台宗の医王山惣海寺とともに、一向一揆と山田川の田屋河原で戦った（山田川は城端町を流れ、福野町で本流の小矢部川に合流。現在の南砺市宗守の北側あたり）。その時、瑞泉寺の檄に応じた越中の一向門徒五千人余と、加賀二俣本泉寺などの二千人余の門徒が福光城を攻撃した。

石黒光義は安居寺へ退去し、逃れようとしたがかなわず、光義主従三六人は自刃した。また、惣海寺側が福光で戦っている隙に湯涌谷の一向宗は医王山を攻めたため、奈良時代に開山し、山

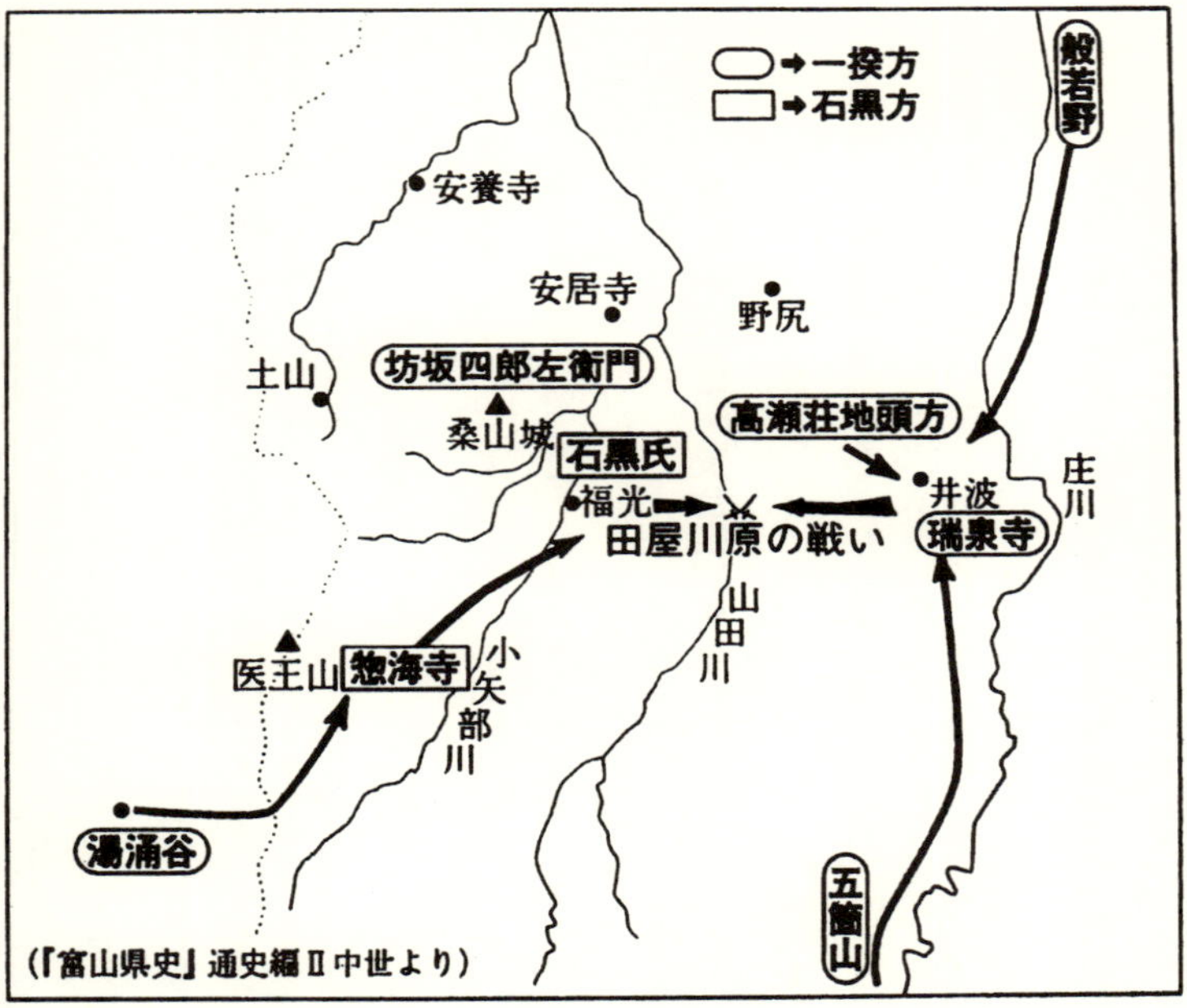

文明13年、石黒光義、医王山惣海寺勢と越中一向一揆勢との田屋川原での戦い　※6

岳密教で栄えた医王山四八ヶ寺三千坊の寺は焼き払われ、消滅した。

この田屋河原の戦いで砺波郡は一向一揆の支配下となり、山田川を境に東は瑞泉寺、西は安養寺（勝興寺）領となる。その勢いで一向宗は加賀の高尾の富樫政親を攻め、長享二年（一四八八）富樫は高尾にて自刃、それから百年、北陸の地は「真宗王国」となった。

蓮如・本願寺八世の時代

蓮如は長禄元年（一四五七）、本願寺七世の父存如が没したため、叔父の越中瑞泉寺の如乗の支援で四三歳で本願寺八世を継職した。本願寺八世になった翌年の長禄二年（一四五八）蓮如

善徳寺

は初めて北陸へ下向した。そして文明三年（一四七一）吉崎に御坊を建立、北陸教化の前線基地とした。蓮如が布教して歩いた時に、土山御坊跡で詠んだといわれる歌に、

越路なる　土山の峰に行き暮れて　足も血潮に染まるなり

があるが、当時の人々にとってはあの土山の地に行くには、奥深く急峻な山を登ったり下ったりと、足に血豆をつくりながら大変な苦労をしたのだと思う。

それまで北陸地方は真宗高田派の地盤であったが、そこに蓮如が乗り込み、衝突をくり返した後、本願寺勢力で固めた。真宗高田派は天台宗系の諸行をとりいれていたため、真宗本願寺派の蓮如と衝突したのである。文明五年（一四七三）、蓮如が善徳寺（城端）にきたときには、北陸各地はもとより奥州方面

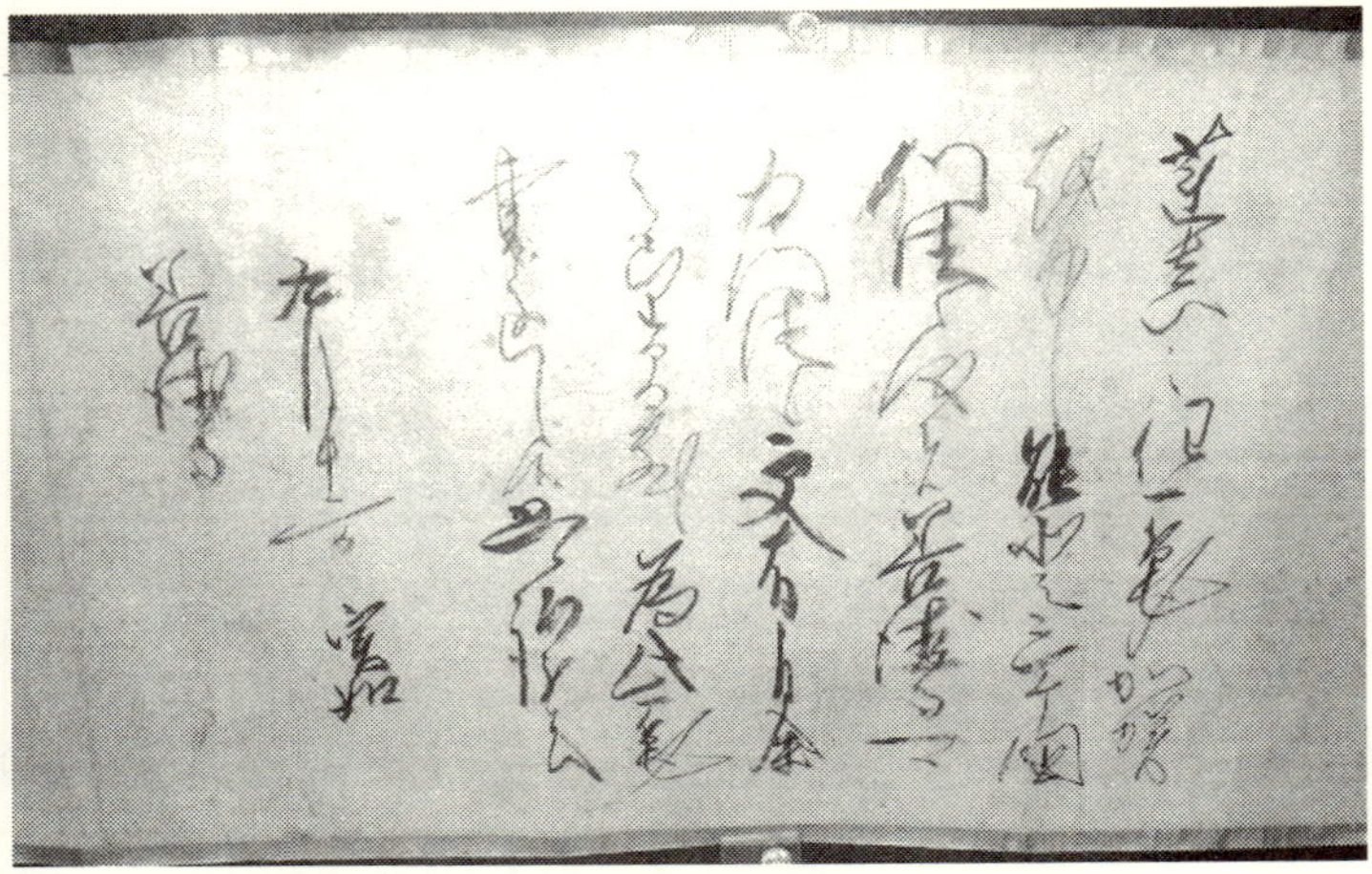

加賀、越中、能登三国の門徒を治めるよう示した実如からの書状（写真提供／善徳寺）

からも一向門徒が集まり、参拝者の中から死傷者が出たほどの熱狂ぶりだったという。

善徳寺のはじまりは、文明三年に蓮如が北国巡賜の際、加賀の河北郡に五世綽如の第四子（玄真《ゲンシン》）遺跡を訪れ、その地に一宇を建立し、善徳寺としたことによる。その後幾多の遍歴を経て、永禄二年（一五五九）善徳寺五世「祐勝」の時、城端の豪族荒木大膳の寄進により、彼の城跡であった現在地に堂宇を移したとある。以後、善徳寺は明応元年（一四九二）、九世の実如によって加賀、越中、能登三国の門徒を管理下におく末寺総録所と定められた。

蓮如は在地支配者、農民たちと協調した。一向一揆が守護の富樫氏に対して攻撃をかけた時、蓮如は門徒農民と支配者との板挟みとなったこともあるが、「王法《おうほう》為本《いほん》（出世間では仏法に、俗世では現世の支配者に従う）」を手段としてこれに対処した。その生涯は荘園制が崩壊して惣村制が進展する戦国時代前期にあたり、道場設立や講組織による地方門徒の結合を足場に、本願寺教派を飛躍的に発展させた。

刀利谷の人々が真宗に改宗し、広まったのは蓮如の時からであった。蓮如は、城端から刀利・中河内を通って五箇山に行く時、立ち寄っており、中河内には蓮如の「腰掛石」といわれる大石があった。ダムによる集落移転のため、城端町善徳寺に寄進され、本堂脇に移設された。

蓮如の「腰掛石」

刀利は、金沢の中心から六里と比較的近かったため、情報や文化の伝播が容易であり、村の生活は安定していた。子ども心には、文化的にも物質的にも恵まれているように感じていたし、貧

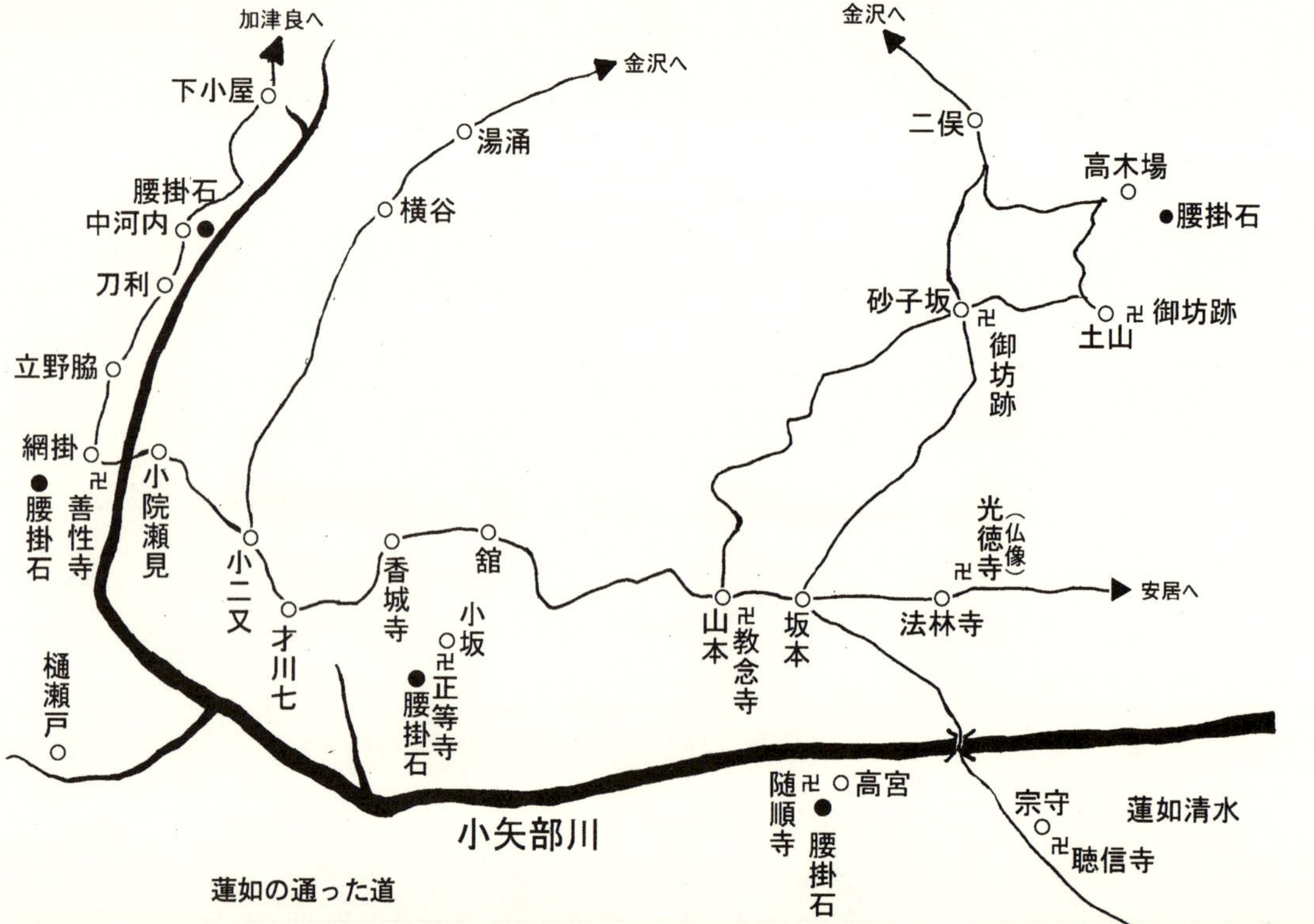
加津良へ
下小屋
腰掛石
中河内
刀利
立野脇
網掛
善性寺
腰掛石
小院瀬見
小二又
才川七
樋瀬戸
湯涌
横谷
金沢へ
香城寺
舘
小坂
正等寺
腰掛石
山本
教念寺
坂本
法林寺
光徳寺（仏像）
安居へ
金沢へ
二俣
高木場
腰掛石
砂子坂
御坊跡
土山
御坊跡
小矢部川
随順寺
高宮
腰掛石
宗守
聴信寺
蓮如清水
井波へ

蓮如の通った道

富の差もあまりなかったように思う。特に蓮如の時代、五箇山の赤尾の行徳寺を開いた道宗が蓮如の布教に多大な協力をしたため、その時の吉崎への近道としていつも刀利を通過したので、いろいろな情報や文化が入ってきた。

道宗が毎年上洛して蓮如のいた京都山科本願寺へ参じていた様子は、明応五年（一四九六）二月二八日付の「蓮如御文」にも記されている。毎年、志として糸や綿などを進上していた。赤尾の行徳寺は、真宗の一大拠点になるとともに、これらの道は「真宗の道」ともいわれたのである。

浄土真宗の寺院

浄土真宗の寺院は最初は道場の形態をもち、道場は既存の寺を介して京都本願寺より本尊などの下付をうける（本山→寺院→道場→門徒）という本末関係があったが、浄土真宗本願寺九代宗主実如《じつにょ》の死を転機に内部分裂をきたした。

実如の掟であった、守護勢力と妥協して現状を維持しようとする小一揆勢力と、実如の後を継いだ一〇歳の一〇代宗主証如《しょうにょ》を奉り上げ、担ぎ出した坊管《ぼうかん》といわれる寺の職員、下間頼秀《しもつまよりひで》、頼盛《よりもり》の大一揆勢力との争いになったが、本願寺領国の勢力拡大をはかろうとした善徳寺や勝興寺などの大一揆勢力が享禄四年（一五三一）勝利したという。

「尾山御坊」は金沢の中央を占める地に、真宗王国北陸の本願寺勢力の本拠地として、天文一五

瑞泉寺境内

年（一五四六）に創建された。「御坊」とは堀・崖などで外界から区切られ、内部には広大な空き地をもった館の一種で、その空き地（寺内）には後町《うしろまち》、近江町、堤町、南町、西町の「古五町《ふるごちょう》」がつくられ、最初の都市、金沢の核となった。そしてこの金沢御坊を拠点に一向宗徒の勢力の及ぶ範囲（加賀惣国）となった。

その御坊は柴田勝家の武将佐久間盛政によって天正八年（一五八〇）陥落した。その後は前田利家が信長の命で能登七尾に封じられたが、天正一〇年（一五八二）の信長の死によって、秀吉から利家にまかされ、加賀藩が成立した。一方、井波の瑞泉寺は永禄元年（一五五八）に、加賀・越中・能登三七〇余の寺に号令し、一向宗王国の中

天文期の北陸諸勢力分布図　※7

心として「越中の府」と称せられるほどになった。

その間、天正六年(一五七八)佐々成政は越中守として加賀と越中の国境に三八の城や砦をつくった。刀利城、小丸城、才川城、広瀬城(舘の城山)、御峰氏城、下小屋城などは佐々成政の時代に築かれたものである。そして下小屋城には平瀬三右衛門、刀利城(城山)には宇野宗右衛門を城主として守りにつかせた。

その後、加賀藩の前田利家も肝煎として宇野氏を起用、通行監視のためキリハタに住まわせた。天正九年(一五八一)佐々成政は一向宗撲滅のため、その本拠地である井波城(瑞泉寺)を襲い、堂塔伽藍をはじめ町家三千を焼き払った。しかし、その後も信徒の力は強く、無視できなかった。天正一三年(一五八五)一向門徒の刀利左衛門も成政と戦ったという。このため、越中征伐にきた秀吉から禁制をうけたといわれている。

加賀藩と一向一揆

天正一一年(一五八三)六月一四日、前田利家は尾山御坊(金沢)に入城。以後三〇〇年間、加越能百万石を統治した。それまではこの御坊一帯は真宗王国本願寺の拠点であった。砺波地方は天正一三年から加賀藩の領地となり、福光は文禄四年(一五九五)加賀藩の治下となる。

前田利長は天正一五年(一五八七)九州攻めに行く時、一向一揆の力を危惧して瑞泉寺に人質を求めている。加賀藩は一揆の将領であった勝興寺（高岡）・瑞泉寺（井波）・善徳寺（城端）の三寺をそれぞれの両派の触頭《ふれがしら》（伝達役）として用い、懐柔策でその力を利用した。藩内至る所に豪壮な寺坊があり、一二〇〇寺の寺院と、多くの信者を擁して真宗王国と言われているのもそのためである。

加賀藩の形成を考えるとき、一向一揆の流れを把握しないでは知ることはできない。加賀藩は一向一揆を抑圧しながら、他方では一向一揆の原動力を藩の体制造りに役立たせる政策に成功したといえる。また、加賀藩の五箇山支配は、天正一三年（一五八五）からといわれ、五箇山ではそれ以前から塩硝の生産が行われており、一向一揆側へ供給していた。とりわけ真宗の力の強い五箇山は、住民間の結び付きの強い地域であった。

また、金沢城下町の都市計画に際しても、内部にあった寺院のうち、一向宗以外の寺院を泉野台地、小立野台地、卯辰山麓へ移し、代わりに領内農民に対し強い指導力を持つ一向宗寺院を城下へ移したことからも、一向宗問題が加賀藩の政治のなかでいかに大きなウェイトを占めていたかがわかる。しかし天正一六年（一五八八）の刀狩りで兵農が絶たれたことによって、一揆は急速に力を失っていった。

改作法で農民を治める

また、加賀藩では農民を治めるにあたり、改作法を定めた。それはこれまで検地をした上で、一反につき一石五斗の草高《くさだか》（標準収穫高）をつけ、それに免相《めんあい》（税率）をかけて正租の額を決定していたが、免相はその年の収穫が良いか悪いかによって高さを変えていたため、わずらわしいのと、役人の有意《ゆうい》が入り込む余地を与えるため、農民にとってもよいものではなかった。

そこで、改作法の施行に先立ち、村々に肝煎をおき、数十ヶ村を一組とした十村《とむら》制度を作り、年貢は百姓個人で納めるのではなく、村全体の連帯責任の下、納めさせることとした。そしてその取り立て役が村肝煎であり、その権限は強化された。

これまでは年貢の納入が困難な時などは村を捨てて逃げてしまう者も多かったが、農民を土地（村）に定着させるため、藩はこれらに対しては厳しく取り締まった。逃げた百姓は死罪に処するとともに、隠した者も死罪となり、それを密告した者には褒美をとらせた。富山藩も宗家である加賀藩にならったので、越中の農民も改作法によって生産や納税だけでなく、生活においても大きな影響を受けた。

5. 刀利村の変遷

江戸時代

改作法の下、耐えきれなくなった農民たちは、年貢の減免を嘆願しての「打毀し」の挙に出ることがあった。それに対しては、藩は厳罰をもって臨んだ。正徳二年（一七一二）に大西十村役邸が打毀しに遭った時には、藩は十村役邸前の川原に近郷近在の農民を集め、その面前において年貢米の減免を嘆願した者二名を打首という処刑（斬殺）の末、獄門とした。また、宝暦七年（一七五七）には近くの城端において百姓一揆（城端騒動）が起こった。この年は天候不順で米が不作だった。一〇〇〇人を越える農民が集まり、五軒の米屋を襲撃した。藩の対応はすばやく、その夜のうちに二、三〇人を逮捕し、三人の中心人物をつきとめて本人の家の前ではりつけの刑に処した。

刀利は加賀（金沢）から美濃・尾張（岐阜・名古屋）への最短距離で、「刀利越え」を下ってきたところにあり、大門山脇のブナオ峠から五箇山の赤尾に抜けるための要所地でもあった。そして五箇山は寛文七年（一六六七）より後、流刑地ともなった。そのため、五箇山ほかへの出入りの見張りもかねて、宇野氏が肝煎として刀利に入ってきたのであるが、当初は川向かいで、集落を一望できる「葛沼」の高台の地に居を構えていた。小矢部川の西側（左岸）の高台で、「古屋

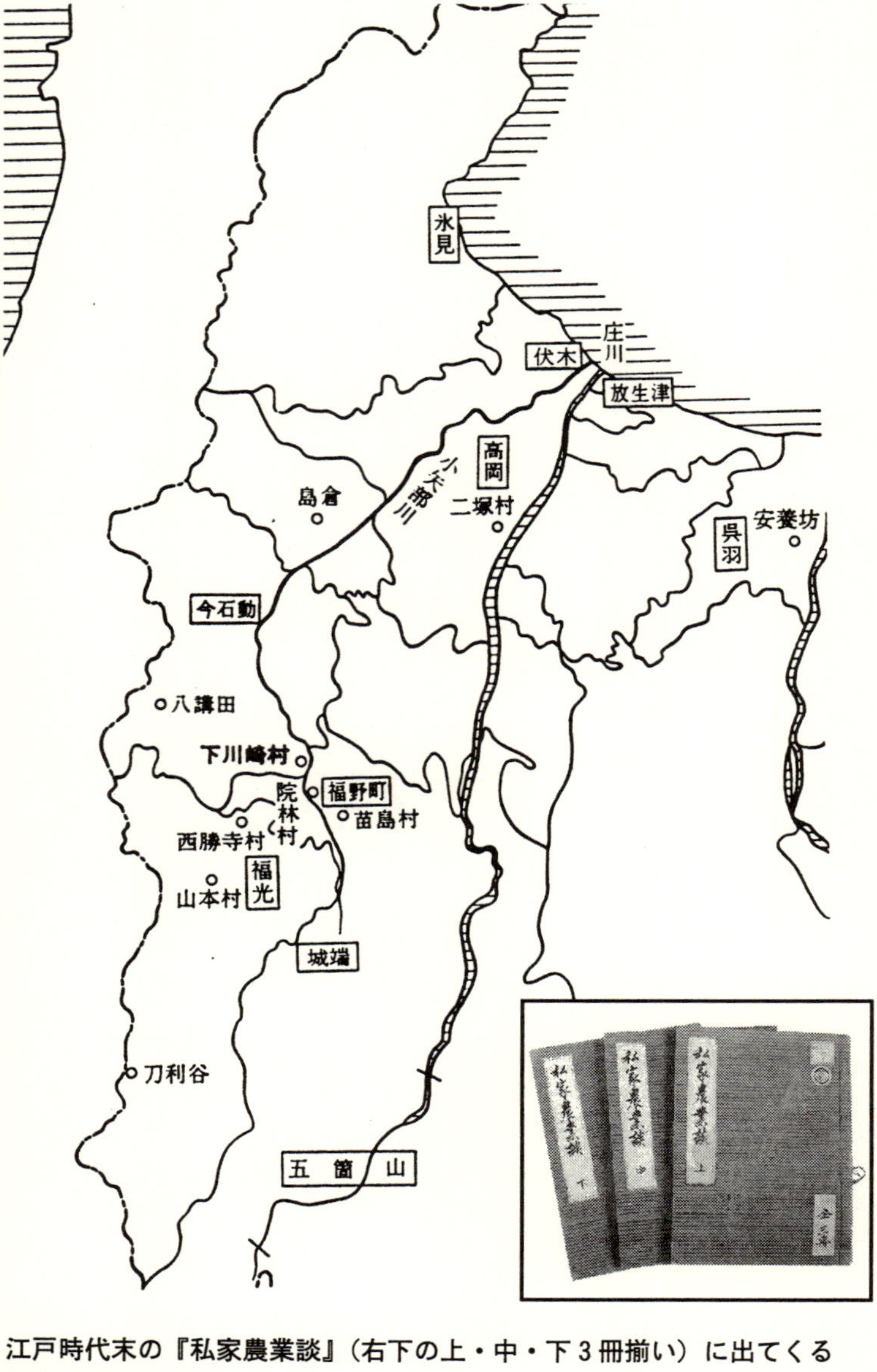

江戸時代末の『私家農業談』（右下の上・中・下３冊揃い）に出てくる地名、村名　※８

敷」という地名は宇野氏が肝煎として住んだ跡地であるところからきた名である。

そこは川上から川下に至るまでの眺望がよく、絶対の地の利であった（わが家の広い田圃や畑、杉林があったところでもある）。明治に入り、肝煎制度がなくなって平民となってからは、集落にとけ込み、集落の東側の平地に移り住んだ。田圃の開墾が東側（右岸）に多かったことにも起因するのではないだろうか。

刀利の奥には銀山（刀利銀山）や金山谷の鉱山があったため、各地からの人々の流入も多く、その中には土地（村）を捨てて鉱山労働者として逃げ込んでくる者も多かった。特に江戸末期から明治時代にかけては急速に人口が増えた。しかし、人口が多くなりすぎると、食糧が不足した。江戸末期の『私家農業談』によると、食糧をいかに満たすかについて努力がなされている。安永八年（一七七九）以降、砺波地方の農業事業調査や山廻りほかの役についた宮永正運（宮永十左衛門、農学者、一七三二～一八〇三年、『増補私家農事談』六巻を著す）は、刀利谷や五箇山に対して「畠稲」や「陸稲（畑稲）」を奨励している。そして、十村役に準ずる立場の宮永は、村を治めるにあたり、次のような言葉を残している。「わが家は先祖の勤労、努力によって田地をはじめ……子孫に譲り伝えられ、これによって……妻子を安んじて養育することができた。このことに思いめぐらし、その深い恩を忘れてはいけない。先祖の年忌や祥月命日などには、身分相応の供養を怠ったり忘れたりしてはならない」と。

明治時代、北海道への開拓移住

明治には銀山が閉山したことや、三〇年頃からの政府の富国強兵、殖産興業政策、本願寺の斡旋勧めなどもあって、北海道への開拓移住が盛んとなる。北海道岩内町へは加賀藩から屯田兵を出しており、前田神社もある。また、東本願寺の斡旋した広大な開拓地もあり、明治二二年（一七八九）から昭和二〇年までの間に刀利谷（刀利五ヶ村）から二七戸、百三〇名余の人々が移住したという。

粗末な掘っ建て小屋での生活、農機具も乏しく、生活物資も手に入りにくい中、入植地での開墾は想像を絶するものであったが、刀利谷から入植した人々は一致団結して互いに助け合い、万難を克服して、開墾を完遂させていったという。

特に近村の広瀬村出身の本田幸彦（東・西砺波郡一一ヶ村出身の一〇八戸の団体を組織）たちは栗沢の開拓をはじめたが、石見沢村入植当時の言語を絶する苦難にも、同郷・部落の人たちが一致団結して助け合い、慰め合って乗り越え、ついに明治三〇年には開墾を完遂して、各自が全耕地の附与を受け、五町歩地主となったという。その名は、北海道二六〇余ヶ村随一の模範村としてとどろき、本田幸彦は開拓功労者としてただ一人選ばれた。そしてその間、本田がまず一番にしたことは明治二六年（一八九三）の真宗寺院、常照寺の建立であった。

戦後復興期の刀利の暮らし

戦後は、経済復興にともないエネルギーとしての木炭の需要が高まり、家庭燃料や暖房だけではなく、石炭とともに工場の産業機械やトラックのガソリンの代わりにも使われたので、今日では考えられないほど多くの需要があった。刀利はちょうど六〇、七〇年周期での木々の生長年輪が巡ってきたため、山林の成長とともに楢の木も多く、良質の炭を生産したので経済的にもうるおった。

一方、わが家では、お米の生産も江戸時代に作った水上谷用水、昭和の初期から何度も改修された小矢部川の堤防に支えられ、干ばつや洪水に遭遇しながらも毎年安定した収穫ができた。それは江戸時代の炭焼きで伐採したあとに杉の植林をしたり、近場では「なぎ」として利用し、蕎麦や粟、大根、カブ、サツマイモの植え付けなど、輪作を避けて順次肥沃な畑へと転換していったためであった。この先祖の知恵と汗の結晶が、子孫に豊かな自然の財産を残していったといえる。

また、刀利は白山系の山間部であるため雨も多い上に、東西の斜面は日当たりも比較的良く、作物の成長には適していた。南北に流れる小矢部川と盆地状の地形は四方の山陰になり、台風などの被害もやわらげ、防御されていた。

6. 真宗文化と「土徳《どとく》の精神」

「倶会一処《くえいっしょ》」のこころ

刀利村での先輩である南源右衛門さんと手紙を交わすようになって久しい。その中で南さんが書いていた文章に、今住んでいる福光町の人たちから、「刀利の人たちには私たちとどこか違うものがあるような気がする」といわれたというのがあった。それは何だろうかと思っていた時、『ねんりん』第九号に、片山昌夫氏の「ほんこはん」があった。

「ほんこはん」とは「報恩講」のことで、「報恩」の心は「恩徳讃」の「如来大悲の恩徳は、身を粉にしても報ずべし、師主知識の恩徳も、骨を砕きても謝すべし」からきているものである。片山氏はこれを「いつから聞いていたのだろうか。おそらく母のおなかにいたころからでしょうか」と述べておられ、それは「生きていることの全体を感謝しているか」「自分自身を受け入れているか」という意味ではないだろうか、と言っている。

南さんは刀利村の大きな特徴は、全戸が浄土真宗大谷派だということだといっておられたが、それが刀利の文化を作ってきたもの、「報恩」を中心とした精神文化ではないだろうかと思った。それは「何かをしてもらったから感じる」という恩ではない。そうした心が、村人たちが互いに助け合い、支え合い、何かの時には心を一つにして立ち向かっていった心ではなかったろうか。

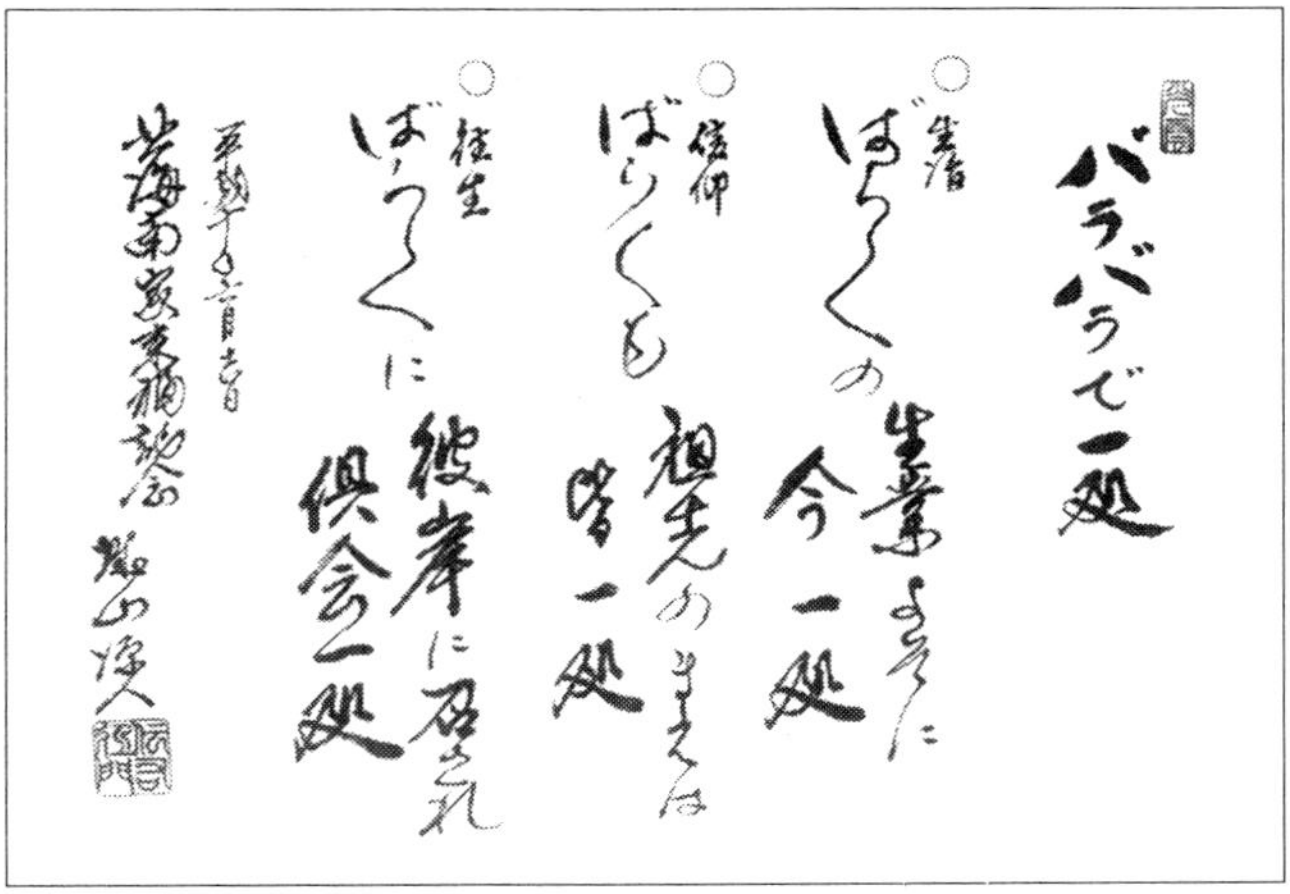

南源右衛門さんの書（次頁も同じ）

その心は、南さんから送られてきた書にもよく表れている。この書は、南さんの筆である。

「生活　ばらばらの生業よそに　今一処」

それぞれが、バラバラの生活を営んでいても、どこかでいつも一緒、一つの心。そして最後は倶会一処。

「往生　ばらばらに彼岸に召され　倶会一処」

なのである。彼岸にいっても、みんなとそして仏たちと一緒。これは、「真宗」のもつもっとも深い心ではないだろうか。思いはいつも一緒で、最後は仏たちとも一緒という安心感の下、命を与えられている今を感謝し、一生懸命に生きる。それぞれが、それぞれの生業や仕事や生活を一生懸命遂行していく。それが「真宗」が培ってきた心であり、南さんの次の書ではないだろうか。

○よろこび
人生ハ 仕事
仕事ハ 人生
○すがる
信心ハ いただく
頂くハ 信心
己を知れ

「人生は仕事　仕事は人生」なのであり、「人のため」と「信愛」の大切さ、「己を知る」ことが生きるということでもあった。

先祖代々、この山深く、雪深い刀利谷で、千年近い時を刻んでこれたのは、そうした精神と、己だけではない、他者のためになろうとするこころをもってはげまし合い、助け合ってきたからこそ、この厳しい自然にも、つましい生活にも耐えぬくことができたのではないだろうか。そして全戸が「真宗」というまれなところであったからこそ、みなで力を合わせることができたのではないだろうか。

村人全員で行った本願寺への献木

明治の本願寺御影堂再建時における「献木」がある。村人全員の力で、不可能を可能にした

光徳寺に掛けられている軸

のであった。火災によって焼失した本堂を再建するために、全国に献木を募ったところ、刀利村からも是非ということになった。刀利村の白山社の鎮守の杜には樹齢七百年にもなるけやきの大木があった。しかも刀利のけやきは育ちがゆっくりなため、とても質がよく、推定、長さ七間四尺、周り一丈、重さ十数トンの巨木であったという。

問題はどのようにしてこのけやきを山深い刀利から運ぶかであった。それは誰が考えても不可能なものであった。刀利の谷底を流れる小矢部川は、上流の上刀利では崖に囲まれており、しかも蛇行していて川底も浅い。巨木を流すことは不可能であった。また陸路にしてもわずかな平地の先には両側から急峻な山がせまっていた。ノゾキといわれるところで、その険しい山路を巨木を運ぶことは不可能であった。しかし、その不可能を可能に変えたものがあった。それが「奇想天外」ともいえる方法と、村人たちの想像を絶する協力であった。

村人総出でなされたその〝事業〟は壮大なものであったという。それは南さんの話にも、「同朋新聞」にも詳しく語られている。それはまさに「刀利谷からの奇跡の献木」であった。そして

南源右衛門さんの想定による楠木・けやきの運搬図

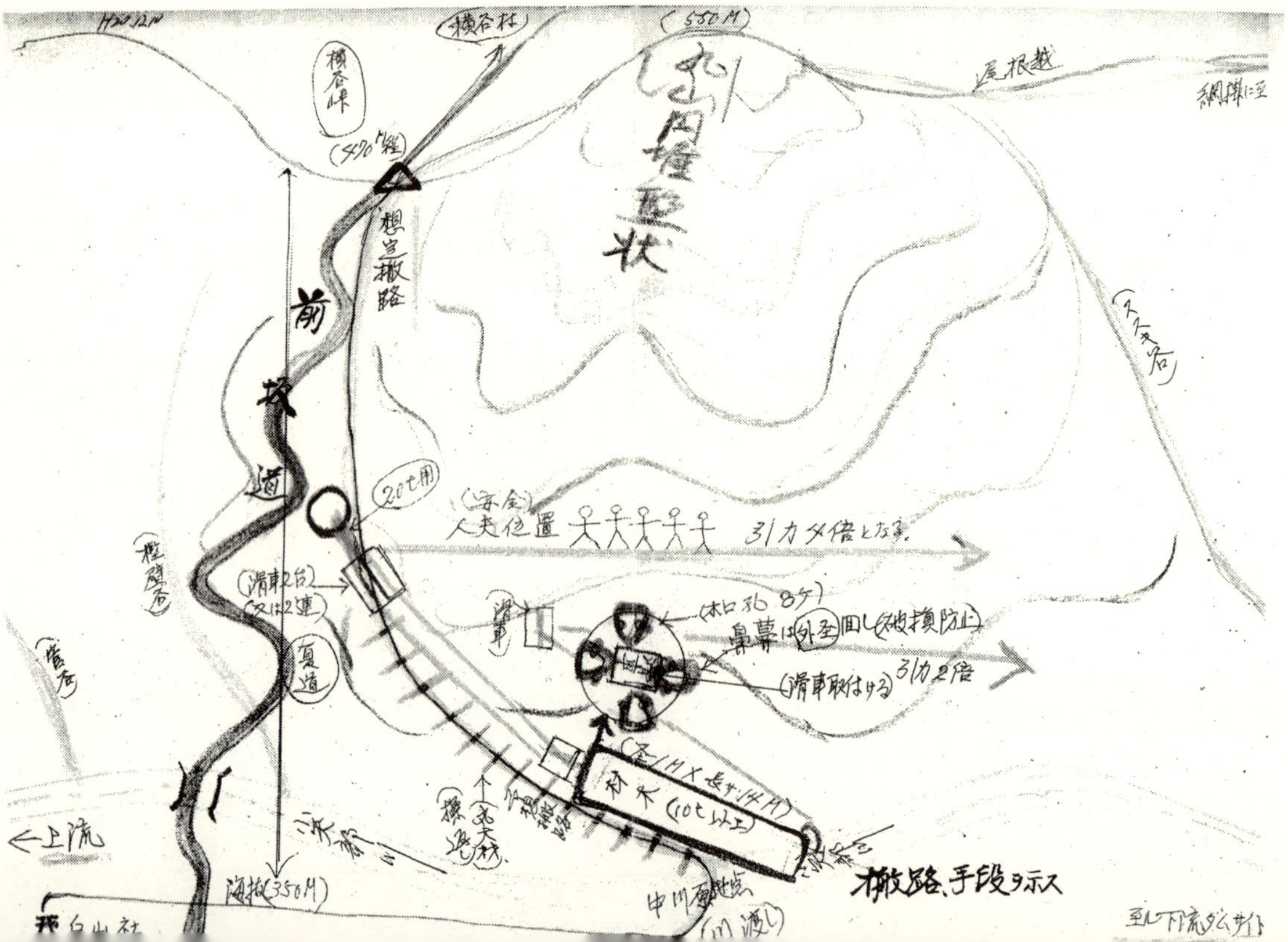

その奇跡を起こさせたもの、それが村人たちの一致団結した力であった。いつもは「それぞれ」であっても、一つになる時はなる。それがこの厳しい刀利谷の生活を支えてきたものであった。刀利谷の中でも最も厳しい季節、二月の初めに、それは行われた。大けやきをいったん谷から山の頂上にまで引き上げたという。それから尾根づたいに運んだとされる。人の力だけでこの巨木をどうやって引き上げたのだろうか。

南さんの推測によると、白山社より迂回して、中川原《なかがら》地点から丸山の西周り、すすき谷尾根越に横根を通過したのではないだろうかと。白山社の境内から凍るような冷たさの小矢部川を渡り、約一キロも離れた、そして百メートルもの高低差のある横谷峠を登っていくというものであった。

となみ詰所（2009年）

その献木のことは、「一けやき　長七間四尺廻り一丈斗《ばかり》　壱本　刀利村　惣同行中」と残されているという。大谷大学の木場明志教授は「このけやきは、ダムの水底に沈んだ彼の地に、かつて五つの村があったこと、そしてそこでは、念仏に育まれた人々が慎ましくも心豊かに暮らしていたことを今に伝える柱として、これからも刀利の人々の心を支え続けるでしょう」と「同朋新聞」

で述べている。

献木だけではなく、多くの門徒たちが御影堂の再建に関わる労役に携わるために全国から集まり、「詰所」といわれるところで寝起きした。特に刀利のある砺波郡からはたくさんの門徒たちが参加したために、その人たちの宿泊所として「砺波《となみ》詰所」という名がついた。

「自他一如《いちにょ》」

正月に姉からきた手紙に、刀利でのお正月のことが書かれていた。「一日にお雑煮に始まり、七日には七草粥、一一日はお鏡おろし、一五日の小豆粥。一年の無事を祈り、五月田植えの稲株、鍬、よぎり、鋤など、だんごで形を作り、祝った。一八日は、お供物の小豆粥をナタと薫をもって、木の実がたくさんなるようにと、モモや柿等に食べさせたり。二〇日には、小正月といって、いろいろと正月からの残り物を集めて作った料理に家族全員で囲んだおなべ……。今考えるととてもささやかなものだったが、本当に懐かしくよみがえってきます。何気なく過ごしてきましたが、昔の人々の知恵に頭が下がります。忙しい中、合間をみつけては、休みなく仕事や行事をこなしてきた当時を思うと、その時にはあたりまえに、なにげなくすごした思いが脳裏をよぎり、何とすばらしい家族のつながりだったんだろう」と。

また、『万華鏡』の中にも次のような姉の言葉があった。「村での収入源は炭焼きと山菜。ススタケの出る五月から六月にかけては、一日から二日おきに、町の市場へ売りに出かける。前の日に採って茹で、夜遅くまで子どもも皮むきを手伝う。翌朝三時、リンゴ箱二つ分のずっしり重いススタケを背負って、親は一六キロメートルの道を町へと急ぐ。みやげに買って帰る生菓子が、子どもには楽しみだった。また、子どもたちも、朝三時か四時に起きて、学校へ行く前にゴバイ(炭くず)やアシなどを背負って、片道一〇キロメートルほどの山道を往復した。学校から帰っても、田んぼの仕事を手伝ったり、時には再び炭運びを手伝ったりした。学校の昼休みの時間にも、家に帰ってゼンマイ採みをすることもあった。家族みんなの協力が、山の暮らしを支えていた」と。

そこにあったのは、つましくとも家族みんなで協力し、支えてきた姿であった。それは村人みんなの協力ともつながる。それが刀利の精神であった。

だいぶ前のことであるが、ふるさとでの仏前結婚式に出席した時、そこで交わされた言葉に、とても感動をおぼえた。それは、「私たちの生活はあらゆるものとの相依《そうえ》相関の中で行われますから、社会全体が一つの大きな共同体といえます。その一つの単位が夫婦によって創り出される家庭です。すなわち、二人の間にひらける深い信頼のある交わりを、二人の間にのみとどめず、他の人々との間にも拡げ、自分たちの家庭を創りあげるのと同じように、大きな共同体としての社会を創りあげることに参加し、社会全体との連帯の中で、自分自身のできる仕事をしてゆくのでなければなりません。自分たちの幸福が、ただ自分たちだけにとどまらず、世界全体の人々の幸福にも波及してゆくような関係を保つことです。それには、喜びをもって融通しあうことです。自分一人さえ得をし、豊かになればそれでよい、というような利己的な立場はいつも孤独なのです。融通しあうことができるのは、相互の間に心が通っていることの証《あか》しです。決して人を差別することなく、平等に人のために尽くすことです。そして同事《どうじ》——苦労を共にすること、です。『同事を知るとき自他一如なり』ともいわれています」というものであった。そしてその心は、私たちが幼い頃より聞かされてきた精神でもあった。

「土徳の精神」

刀利村にかぎらず、北陸の地においては、生まれた時から「子守歌」がわりに法話を聞き、「ほんこさん（報恩講）」のときをみなで楽しみにしてきた。村人たちは春から採れる作物のうち、最もよいものは「ほんこさまの時に」と言ってとっておいた。春採れたゼンマイも、上等なものは残しておいた。日頃から感謝の念を忘れない生活は、子どもの頃から身に付いてきた。秋、木枯らしがふきつける頃には、村をめぐってくるお寺さんを心待ちにし、子どもも大人と同じ赤御膳をちゃんと一人前与えられ、親戚の家々を順番に廻って、ご馳走になるなど、「ほんこさん」はとても楽しみだった。

今も行われている報恩講様での赤御膳（五箇山）

そのため、各家々では、赤御膳や黒御膳、会席膳などは蔵に揃えてあり、出し入れの取り扱いをとても丁寧にしていたことを覚えている。刀利谷は、自然も生活も厳しかったが、信仰は篤《あつ》く、心は豊かであった。そして冬の間は「恩徳讃」にあるように「知恩報徳の念」に浸っていた。それは刀利千年の歴史といわれる中、人びとが長い間培ってきた精神でもあった。

「越中」は、東と西の勢力の接点でもあったため、新旧の両勢力に挟まれて、度々戦場と化してきた。水と戦い、雪と戦い、東西勢力の狭間で、戦いによって田畑を荒らされてきた。そして長い間、加賀藩の植民地（分家）ともいえる状態に甘んじてきた。抵抗する農民たちに対しては藩は厳しく接し、従わないものには密告をするような制度までつくって、「共同体」を薄める努力を行ってきた。越中は常に百万石金沢を意識しつつ、米作に励んできたのであった。そこに忍従と刻苦勉励（勤勉で粘り強い）の精神風土が生まれてきたのだと思う。

戦いにあけくれた応仁の乱と、その後の戦国時代、人々は無常を感じ、何をしてもむなしく、満たされることがなかったであろう。そこに、家族を連れながら布教にきた浄土真宗の蓮如と出会った。蓮如は「親鸞聖人を慕う人はみな兄弟である」という連帯と、家族の大切さと、自己の生と死をみつめることを訴えてきた。自然災害と飢饉、日常的に人が殺され、死んでいく。不安と恐怖の中、どう救われるかということは、人々にとって切実な願いであったと思う。

それに対して蓮如は「御文《おふみ》」という、簡単な文章で、手紙のような形で、人々に「救われる道」をといた。「日常の生活の中で善い行いをしなさい」「善人こそが救われる」と。そして、今、生かされている「仏の恩」に対して報いなさい、と説いていった。

さらに阿弥陀の前ではみな平等である、という強い同朋精神を通して、社会の混迷におののく北陸の民衆に、生きる勇気を与えていった。特にこれまで見捨てられていた女性までもが、対等の立場で救いあげられたことは大きかった。

これまで、混沌とした戦乱の世の中で、搾取の対象としてしかみられてこなかった農民たちに、生きる意味と力とを与えたのが蓮如であった。蓮如は決して気取らず、簡潔に、そして熱っぽく教えを説いたという。捨て置かれている凡夫こそ、わが同朋であるといって、心血を注いで働きかけた。「人はみな、平等の権利を持って生まれてくる」と。人情も厚く、素朴な語りかけに人びとが応えたのだと思う。

蓮如自身、その生い立ちは順風ではなかった。庶子として、そして当時土地も持たず、貴族の加護もない、よるべない真宗にあって、その貧しさと差別とは骨身に徹していたと思う。身の回りのさまざまな人間関係と軋轢の下、「生きる」ということの苦しさと、人の心というものを知り尽くしてきたのであった。最初の妻はそのために亡くしたようなものである。家族の大切さと、貧しく、虐げられた者の気持ちは痛いほどわかったのだと思う。

農民たちは日中、体の休まる隙もなく働き、夜、わずかな暇を割いては説教を聞きに集まってきた。だから蓮如は難しい話や、肩の凝るような行儀作法などは求めなかった。また、蓮如は「講」をつくり、家の家長だけではなく、家を形づくっている一人ひとりが、阿弥陀の前には平等であるとして、みな構成員になれた。それは講という組織の中に身をおける安心感であり、当時の農民男女にとっては無上の喜びでもあったであろう。

講では互いに生活上のことや日常の悩みなども吐き出されていくようになり、共に食事をし、楽しみの場にもなっていった。蓮如は仏の前では自由にものを言ってよい、みなで語ろうと「道場」を作り、人々に説いて廻ったという。それは、同信者の念仏講を中心に、共同体的なつながりをもたせるようになっていった。蓮如が多くの人々に生きる力を与えたことが、人々を惹きつ

仏間はあらゆる生活の中心であった（1番左が筆者）

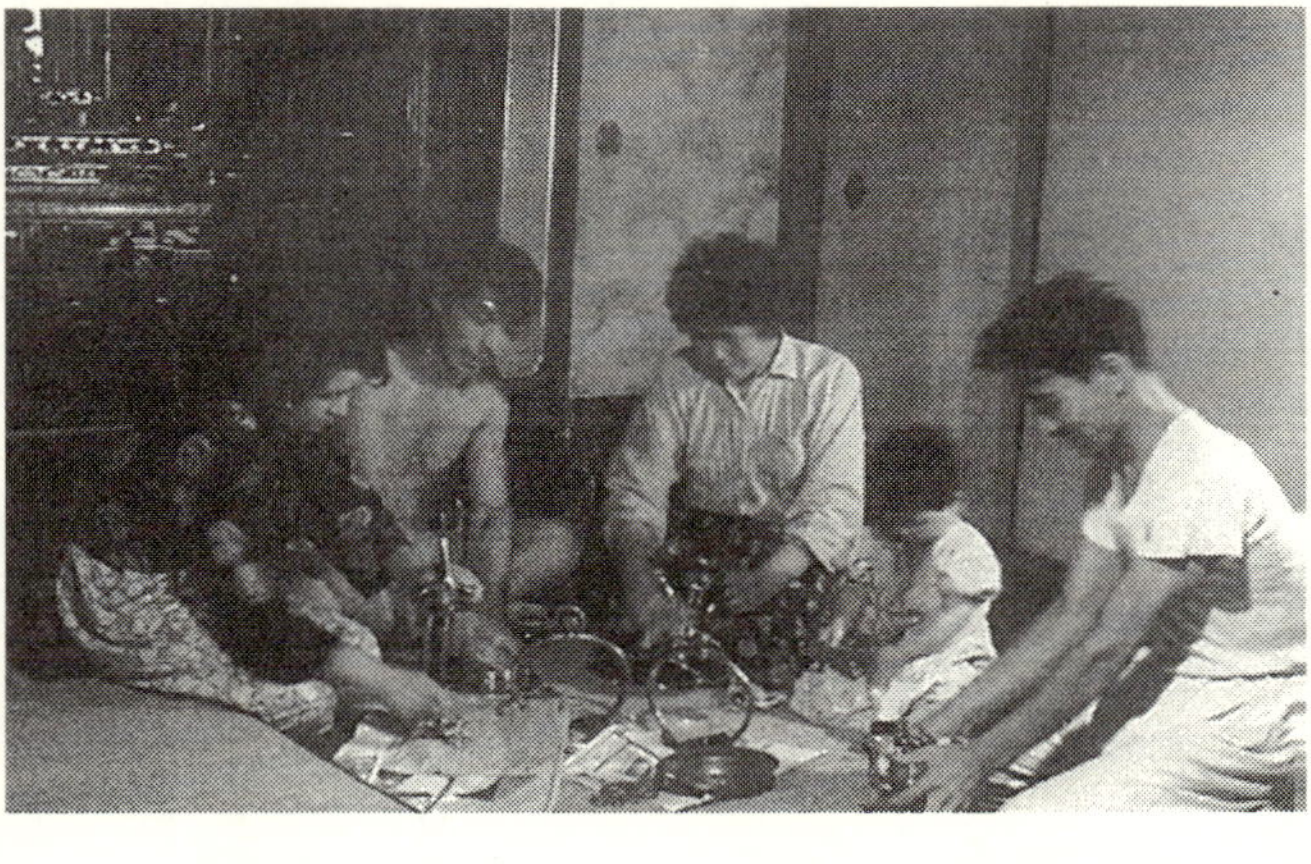

家族そろって仏具を磨く（左から2人目が筆者）

けていったのである。

農業を一生懸命にやり、講や道場に集まっては、いろいろなことを語り合う、そして最後にみなで食事をする。一生懸命な生活をしながらも心の楽しみを求めていく。教えを聞き、またそれを子どもたちに手渡していくというのが、この土地の持ってきた風土であった。それは代々育まれていくものであり、共感していくものである。それが越中の、福光の、そして刀利の風土であり、精神であったと思う。

それは、福光町では人口の九割（刀利では全戸）が真宗であるという独特の信仰心に裏付けられたものではあるが、お寺で、在家で、互いに確認し、結束を深めてきたものであった。何度も何度も重ねられてきたもの、相続されてきたものであっただけに、越中特有の家の造りにも反映された。

それは「アズマダチ」というもので（わが家も同じ造り）、「講座」がもてるように、みなが集まれるようにと、部屋を広く使えるように意図して建築されたものであった。戸を開け放てば広間となり、お講ができるのであった。「お講」は家々を廻るので、その宿をしたいという思いもあった。その講座はただ説教を聞くという、信仰の場だけではなく、倫理、道徳を伝えていく場でもあった。

「悪人成仏」の教えをもつ親鸞に対して、蓮如は倫理の重要性も説いていった。そして江戸中期

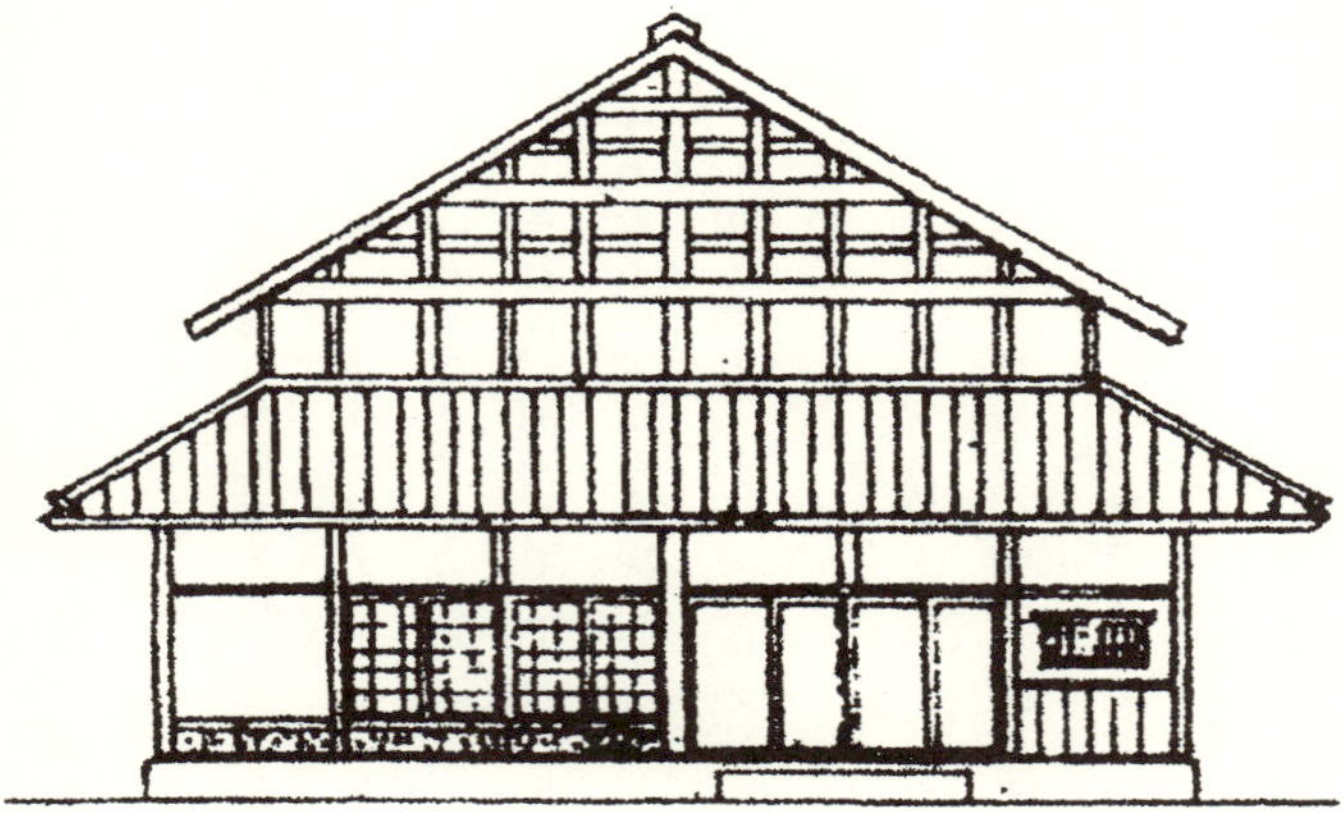

アズマダチ

移築後の谷口家

になると救済と倫理的な行いとは不可分のものとなっていった。特に自分の家業（家職）に励むことが阿弥陀仏に対する第一の報恩とされるようになっていった。家業による利益も、それは他を利することになるために「菩薩行」であるとされたのであった。

他者のために生きる、それこそ尊い行いであった。勤勉と勤労、そして忍耐力、そして正直と誠実、それらは幼い時から代々教えられ、伝えられてきたものであった。

「同朋《どうぼう》和敬」

全戸が真宗の教えを共有している刀利谷の人々は、「偉大なるはたらきによって命を与えられ、生かされている」という思いを強く持っていた。それは生きとし生けるものはみな同じように命を与えられ、お互いがお互いを必要として生きているのだという「同朋和敬」の精神であった。「共に生きている」ということから、互いに敬い、助け合おうとする精神・文化が培われてきた。同じ命を生きる村人達は、「自」も「他」も同じ命を生きているのだという自覚のもと、他の生も、我が生である、という思いから、互いに助け合い、肩寄せ合って生きぬいてきた。自然も生活も厳しいものであっただけに、刀利谷の人々にとって、それはあたりまえのことであった。

村は五ヶ村に分かれ、点在していたが、こころは同じであった。みな同朋であり、仲間であり、「身内」でもあった。それが村の文化であった。その文化は、決して「間引き」をしないということにもつながった。口べらしのために親が生児を殺すという間引きは、どんなに苦しい時であってもしなかった。生まれたものは、生を受けたものはみな育てるという文化の下、子どもは多くなり、人口は増えていった。そこで行われたのが北海道への移住であった。広い新天地を求めて刀利谷からも多くの人が北海道へと渡っていった。

刀利谷は雪が深く、幼い頃は二階の窓から出入りしたほどであった。しかし村人同士の意はよく通じ合い、穏やかではあるが芯を持った平和郷であった。そして互いに助け合い、励み合った。今はダムの湖底に沈んでしまったが、その文化は今でも五箇山に残っている。

刀利は金沢方面からは、刀利――ブナオ峠――五箇山を経て尾張方面に抜ける間道であった。そのため刀利の精神文化は五箇山に通じるところが大きかった。五箇山の平村（現南砺市）ほかには今でも二三の道場が残っており、月一回の「お講さま」が開かれているという。五箇山は真宗一色の地であるが、それは蓮如の信奉者である道宗が行徳寺を開き、講を作ったからであった。ここでは真宗の教えが今でも精神生活の支えとなっている。

五箇山のうちの平村では、明治期に北海道に渡った人が多かった。移住先の地においても「同朋和敬」の精神は生かされ、苦しい開拓事業に耐えぬいてきたという。そして他の村々にはない「文化」を持つとともに、助け合う精神と忍耐力、勤勉さは群を抜いていたという。それは、刀利に近い広瀬村からの移住者も同じで、彼らは移住先における開拓事業の最も模範的なものとし

早春の刀利ダム

て表彰されたという。

「自分がこうして生かさせてもろとる。歩かせてもろとることがもったいない。今日も感謝のお念仏です」と九〇歳のお年寄りは語っていた。お講の後にはみなでお茶を飲み、以前のような食事（お斉）ではないが菓子で、家族や生活、仕事の話などの語らいの時を持つという。

代々、伝えていく信仰に基づいたこれらの精神風土を、民芸運動の創始者である柳宗悦は、「土徳の精神」と言った。そして、その精神を示しているともいえる色紙が光徳寺（福光）に残されている。そこには「ホレ〳〵ト　念佛スルニ　如カズ」とある。

ふるさとを愛し、家族を愛し、同朋を愛し、勤勉に、感謝をもって生きる。己のためだけではなく、みなの力になれるよう努力し、思いやる心をもつ。そんな精神風土が刀利のもつ固有の文化を形作ってきたのではないかと思う（柳宗悦『美の法門』。他に関しては、ビデオ「土徳の里」、南砺ヨスマ倶楽部制作に詳しい）。

それらは刀利谷の文化としては消えてしまったが、福光町の旅館・ホテルには今日でも、その入り口に、あるいは廊下の横に、仏様がいらっしゃる。そして路傍にも。それは決して消えてしまった文化とは言えないのかもしれない。

かつて刀利谷の真宗文化・精神は静かに、そして脈々と人々に知らされ、伝えられてきた。今、刀利村はダムの湖底に沈んでいる。けれどもそのこころはどこかで芽ぶいているのかもしれない。早春にふるさと・刀利ダムを訪れたら、ダム湖の中から木々の若芽が萌葱色の頭を出していた。五〇年前に湖底に埋もれたはずの背戸山の木々から。その姿は凛として、青い湖面に映えていた。まるで命を奪われたものが、湖面からひそやかに叫んでいるかのように。

五　思い出の地名語録

アワラの吊り橋の上で課外授業

刀利の地名には戦国時代の名残をあらわすものや、伝説上の名など自然発生的なものが多い。生い立ちが古い証拠でもある（谷はすべてダン、タンと呼ぶ）。

〈集落の東側の南より〉

合戦田、頭切り場（刀切り場）、谷内ヶ谷、藐姑射谷、サンマイダン、キリハタ、イケンダナ、千枚田、五枚田、三枚田（三昧田）、丸田、宮田、蕎麦粒山、覚兵衛、中谷《ちゅうだん》、赤坂

〈西側の南より〉

的場、金鉱《かなやま》、金山谷《かなやまだん》、菅谷《すげだん》、トリゲ（砦）、赤い場（赤岩）、古屋敷（戦国時代から明治初期までの宇野家〈きみょり家〉の元の屋敷跡。小矢部川の川向かいにあり、集落全体を見渡し、往来を監視できる場所）、一の谷、カシカベ谷（樫壁谷）、すすき谷《だん》

〈上刀利集落の東側奥〉

清水平《しょうずべら》、横平《よこべら》、休ん場《やすんば》、中平《なかんじゃら》、大平《おおじゃら》

〈滝谷から先〉

オガンカベ（御拝ん壁）、滝谷《たきだん》の城者屋敷《じょうじゃやしき》（長者屋敷）、和祖谷、オコ谷、ヒコ谷、湯谷、小糸谷

〈下刀利から北〉

ハリキバ、ノゾキ、ネネガ谷、大谷《おおたん》

赤岩（アカイバ・赤い場）

赤色をした大きな岩そのものを指す場合と、大岩にちなんだその付近一帯の地名を指す場合があった。この大きな岩は小学校の背後にある急峻な城山の、さらに奥の赤壁が、その昔崩落し、洪水とともに谷内ヶ谷に押し出され、小矢部川に流れ出たものらしい。

小学校の脇をごろごろ流れ、校庭前を流れる小矢部川にぶつかり、そこでいったんは留まったものの、たび重なる洪水でそのすぐ川下一〇〇メートルのところまで流れ出された。

赤色の直径三メートルあまり、高さも三メートルほどの大岩で、この赤い大岩は五、六歳の頃までは小矢部川の右岸に鎮座していた。小矢部川の水位を測る測量用の物差しが設置されていて、小学校の山崎兵蔵先生は一〇時の気象観測の時間になると、この学校の前にある赤岩にきて毎日の水位を測っていた。

小学校入学前の頃は、いつも兄や姉と連れ立って学校に行き、遊んでいたので、山崎先生や低学年の子どもたちとともにこの大岩にきた。

その後大岩は大洪水で南さんの水天宮前まで押し流され、その後また刀利開闢《かいびゃく》以来といわれた昭和二八年の大洪水で流されて、刀利橋を流すきっかけとなった。その後の流れ先はわからない。今にして思うとよくこんなものが動いたものだと。水の大きなエネルギーには驚かされる。

この水位測量もこの赤岩が流されたことで、ホウキの岸にあった黒い大岩へと観測点が変わっていった。三〇〇メートルほど離れたホウキの測量岩まで、毎日低学年と連れだって往き来した。測量地点が移動した時や、川の流れが変わった時など、時どき川の真ん中で水位を測ったりして、そのデータに継続性をもたせることなどを意識していたように思う。

山崎兵蔵先生が刀利に赴任して以来五〇有余年、伏木測候所の委託を受け、降水量や気温、小矢部川の水量等の気象観測は、一日たりとも欠かさずに続けられ、刀利ダム建設の貴重な資料ともなった。

「アカイバの田圃」などと場所を指す場合は南・出村さんの南側から学校までの上流一帯の地域をさしていた。小矢部川の堤防と用水路を隔て、一列に大きく区画整理された田圃が広がっていた。南さんから吊り橋のところの三、四枚の田圃は泥沼で、五、六歳の頃迄は大人の腰まで深くもぐった。

クワイや蓮の花がよく咲いていてタニシもたくさん獲れたが、その後土地改良をして稲が植えられ、稲穂が生い茂る田圃に変わった。おそらくその昔、小矢部川の堤防が作られるまでは、淵となって淀《よど》んでいたのであろう。

赤壁

赤《あか》壁《かべ》

下刀利の裏山の赤壁、谷内ヶ谷の赤壁、中河内の長瀞の赤壁などはすべて東側の山系である。それに対して、ノゾキや滝谷のオガンカベ（御拝ん壁）などの西側山系は黒壁になっている。その黒壁が神様に見えて、上刀利へ移した氏神様の代わりに毎日拝んだ。

ソバツブ山・おむすび山

元、北村さんの背戸で急傾斜な山。おむすび山とはダムができてから付けられた名前なのか。ダム湖の水面から上が三角形をしている。刀利神社の背後の山（神社の北側）。

アワラ

語源は湿地、深泥の田、芦原（アワラ）。アカイバの川向かいの田と畑で、区画整理され、かなりの耕地面積がある。中程と下流側に広い田圃が数枚、その他は主に畑になっていた。この川向かいに渡るには低学年の頃までは吊り橋（大木の一本橋）で、直径三〇センチほど、長さ二〇メートルほどの大きな丸太を三本、順次つなぎ合わせたものであった。

最初は伝右衛門さんの前に架かっていたが、たび重なる洪水で流され、その後はアカイバ付近の水天宮の南側に架けられた。そこには大きな太い立木があるのでワイヤーを結んだ。たとえ流されても橋の向かい側だけが流され、立木側の元はしっかり繋がっているようにしたので、太くて長い吊り橋の材木は流されずに済んだため、何度かは比較的簡単に修復できた。

この一本橋の上で中学生の頃、高野先生や橋本先生、そして坂田（旧姓鈴木）先生、坂田（妙）先生、二野井（旧姓長谷川）先生などとみんなで、夏場は涼しい風を受けて歌を歌ったり、写生をしたり、本を読んだりの課外授業を受けたものである。

イケンダナ

イケンとは方言で「行けない」、ダナは大陸棚と同意義で段々の平地を意味しているという。行き着くとそこはダナ（平地）となっており、わが家の広い田圃が三枚と畑が一枚。そこへは、二〇メートルほどの急な崖に阻まれているため、人一人がやっと通れるほどの狭い狭い、しかも大きな段差の石を踏み越えながら通過しなければ行きつけなかった。

幼少の頃、馬が通れないので、この上の広い田圃は馬ではなく、人が鍬で田おこしをした。雨で小道がV字型に削られ両側の壁が迫り、稲や山菜の荷物を担いで通るのは大変だった。荷物が後ろの石にぶつかり、後ろ向きで石にしがみついたり、稲の長い荷物は蟹《かに》ばいで身体を九〇度ひねって通った。長い茅や薪《まき》などは特に体力と技術を要した。それも小学三年生の頃にはすぐ隣に脇道を新たに作ったので、通りやすくなった。

そのイケンダナから先はずっとなだらかな傾斜地で、大木が生い茂った山林となっており、清水平に続いていた。その清水平の広い山林は南伝右衛門さんの所有で、栗や楢の木が茂り、わが家の山林は道を挟んでその北側にあった。楢の木や栗の木の大木が多かったので、「発破」を仕掛けては丸太の大木を割った。たくさんの楢の木で良質な木炭を焼くことができた。

刀利の東側の裏山は休ん場の下と、このイケンダナの下に大きく急な段差が二つあったが、その上はいずれも比較的緩やかな傾斜地であったので、その伏流水のお陰で水は美味しく、豊富であった。

イタ

「板ヶ谷《いたがたん》」とは崖の谷を意味している。「板ヶ谷集落」は浅野川の上流で、そこから山岳地帯にさしかかり、流れが急になるところである。語源の通り「崖のそば」の集落である。集落のはずれには板ヶ谷の水力発電所があり、金沢からこの奥地へ入ってくるとこれまでの風景とは一変した。

両側から山が迫り、木が鬱蒼と生い茂っていて、発電所のあたりでは気味悪い唸り音とともに、道路のはるか崖下に見える川の流れは、発電所から流れ出た大量の水が渦を巻き、深く蒼《あお》い水の中に引き込まれそうだった。いつも道路の反対側を足早に通り過ぎたものである。

そこの板ヶ谷橋を渡ると、横谷集落までの間は崖の下を横切る馬車道《ばしゃみち》で、土砂に埋まり、そろそろ役目を終えたようなダム（発電所の貯水池・取水池）や隧道（トンネル）や滝があり、刀利から金沢への道では一番の難所であった。

雪の多い年にはここを避けてすぐ上の尾根道を通ったらしいが、私は一度も通ったことがなく、いつも通ってみたいなと思った。今は発電所もトンネルもなくなり、広大な採石場となっている。

大平《おおじゃら》、中平《なかんじゃら》

上刀利集落の背後地で、ソラヤマのさらに上、奥の山林一帯。現在の刀利青年の山研修館のすぐ上。栗、クリタケ、ナラタケ、アケビ、山葡萄、根曲がり竹（姫竹）他、たくさんの山菜が採れた。

平のことを「ジャラ」と呼び、これは福井県の越前海岸ちかくにも同じ地名がある。やはり刀利と似たような古くからの時代的背景があり、一五戸ほどの小さな集落で「千枚田」という田圃もある。山紫水明の山奥で、平家の落人の隠れ家として七つの平地区がある。

カヤバ

茅が生い茂っていた場所（茅場、萱場、茅原）。現在でも合掌造り屋根の五箇山などでは屋根の材料として使われているのだが、時代の流れで茅場も少なくなり、茅を集めるのに苦労する時代になった。昔は茅葺き屋根が主流だったので、広い茅場を持つことは「家の格」につながるものでもあり、大変重要な資産であった。

冬支度で建物の周りを保護したり、炭焼き窯の屋根材として、また、すだれや葦簀《よしず》、炭俵を編む材料としても茅は大変重宝したので、広い茅場を持っているかどうかは家の格を知る目安でもあった。わが家でも随所に茅場があった。

その一つ、丸山峠のすぐ下の茅場には茅の材料を毎年刈り取りにいった。現地で一週間ほど乾かした後、その長い茅を担いで降りるのだが、横になり、縦になり、または後ろ向きになって坂道をおりながら運んだ。三メートル近くの長い茅を運ぶのも技術を要した。

五歳頃サツマイモを植えた時期もあったが、その年は干ばつで、すぐ下の谷間から桶に水を汲み、担いであがった。この水は「板清水《いたしょうず》」と呼ばれていて、とても冷たい水が湧き出ていた。祖母や母と姉が暑いさなか、何度も何度も急な山道を茅場の下まで「板清水」の水をくみに、上がり降りした。

ちょうどその頃、さらにそこから上に登り、黒壁の横・すすき谷で炭焼きをした。たしか二、三年は続いたと思う。その頃は祖母も元気であったので、一緒に連れだって行き、途中の横道では根曲がり竹などを採った。ジョウバの葉やイッツキの実が食べられると教わったのもその時である。イッツキとは山法師とも言い、ハナミズキに似た純白の花が咲き、秋にはイチゴを小さくしたような一・五センチくらいのまん丸の赤い実がなった。木に登って採った赤い実は、ほんとうに美味しかった。

イッツキの実

ガラ

小石、土と石との混じったもので、下刀利から立野脇集落に向かう途中にガラ谷《だん》という谷がある。普段は水が流れていなくて、枯れ谷である。小石や岩がごろごろしていた。

水没前の葛沼と丸山

キリハタ

切畑とも。城之腰の北西。

くいもん沢《ざわ》

藐姑射谷の西でわが家の田圃があった。土手にはセンナ（わさび）が植えられていた。

葛《くず》沼《ぬま》

村の下手で刀利橋の西側高台。北村さんの川向かいあたりになり金沢へ行く途中を右に入った高台のあたり。わが家の杉林があった下一帯で田圃と畑があった。畑にはハタンキョウ（黄色くひときわ大きなスモモの一種）や毛モモ、グミの木があった。幼少の六歳頃までは保管小屋・休憩小屋（タヤと呼んだか）もあった。

「スイコ」や「マンコ」が道端にたくさん生い茂っていて、子どもの頃よく取りに行き、ちゅうちゅうと吸った。小矢部川沿いの崖下にはくずの花が一面に生い茂り、合歓木（ねむのき）も何本かあった。暑い夏には綺麗な花を咲かせていた。泳いでいたり、「ねそ」や「ばばざっこ」を捕っている時、毎年目にした光景である。

鉱山谷《かなやまだん》（金山・金山谷）

金鉱石が出た。菅谷《すげだん》の奥で江戸時代には銀を産出したという。

コーシン

六〇年あるいは六〇日ごとにめぐってくる庚申の時に、特殊なタブーを行った庚申信仰にちなんで、室町時代末以降、庚申堂（塔）の建設が流行した。猿田彦神への連想から道祖神をかねるようになったという。

ゴーロ

石地の意味。刀利から立野脇に着く手前に「ゴーロ」という地名がある。大きな岩がごろごろとあたり一面にころがっており、一里塚でもあって、必ず一休みするところであった。道路脇には立野脇集落への用水があり、清流がさらさらと音をたてて流れていた。その美味しい水をいつも手酌《てじゃく》で飲み、のどを潤《うるお》した。

小・中学生の頃、遠足に出かけた時など、気の早い連中は「コベリ」だと言ってにぎりめしを広げて食べたりした（コベリとはおやつのこと）。

サ　ワ

谷川。雨が降ると水の流れる森林のある窪地。

サンマイ

三昧（死者の冥福を祈ること。墓地・火葬場）。三昧堂、三昧田、三枚橋。

サンマイ田・サンマイ谷《だん》

伝右衛門の南側を流れている谷。そこは両脇から小山が張り出し、わが家の田圃が三枚ほどあったので三枚田と呼んでいるのかと思ったら、どうも違うらしい。あたり一帯の呼称であり、「合戦田」のすぐ上で、「サンマイ谷」の名前から、合戦の時、多くの武士たちが亡くなり、葬ったところだというのが正しいと思う。サンマイとは「山埋」とも「三昧」とも書き、山に埋めて埋葬すること、死者を弔うという意味からきているらしい。幼少の頃、死んだ馬を埋めたこともある。

城山《じょうやま》

刀利城・刀利砦。谷内ヶ谷の北側に隣接し、城山の北側にある「合戦田」の一方向のみをのこして、三方向が急峻な岩壁や急な傾斜地に囲まれていた。天然の要塞としては申し分のない場所。その背後の東側の山肌は、カモシカも滑って通れないと言われている赤岩の壁で、所々に赤松が茂っていた。

大昔、この崖の一端が崩れてその大岩が谷内ヶ谷からすぐ川下の小矢部川に押し流され、学校のそばのアカイバ付近まで転がりだした。そこでこの赤い大岩があった場所が赤岩《あかいば》とよばれるようになったと言われている。この城山には土塁跡らしきものもあった。標高四三〇メートルで、狭いが平坦地なので学校のラジオのアンテナを建てた。

城之腰《じょうのこし》

城山に隣接する東側で、城山から合戦田におりる手前。平坦な敷地で城を守る最後の場所。

清水平《しょうずべら》

ショーズとは水車、泉（この例が多い）の意味で、ヘラとは山腹、傾斜地という意味がある。ヒラともいう。冷たい清水がとうとうと吹き出し、美味しい水であった。この地の上「休ん場」の伏流水と思われる。そこから一気に吹き出した流れは渓流となって中谷《ちゅうだん》となり、バンドジマで小矢部川に注いでいた。どんな干ばつの夏でも枯れることはなかった。山へ行く時はいつもこの水を水筒や一升瓶に汲んでは持ち上がった。

この上には清水平と横平という地名があり、わが家の杉林が広がっていた。毎年三月中旬の、冬も終わりになる頃、雪が引き締まって歩きやすくなるので、父、兄と三人で梯子を持って杉林の枝おろしに行った。

杉の木の枝おろしは、材木にした時、枝の部分が節となって材木の強度が弱まるために、材木の価値が下がるので、毎年あちらこちらの杉林を順番に枝おろしをして廻った。梯子が届かない幹の上の部分では、よじ登って枝を払った。当時電力会社の人が使っていたくさび形のかんじきを付けたら良いのでは、と父に勧めたら、材木に傷がつくから、とその提案は退けられた。一本一本木を大切に育てていく父の心がわかった。

ジャヌケ

山抜け、崖崩れ地（蛇谷）のことをいう。綱掛と吉見の集落の間に懸かる橋が「蛇谷橋」で、これはまさにその昔大崩れで、土砂を大きくえぐり出して流出させた場所である。その谷の深さは「千尋の谷」といえるもので、橋の上から小石を投げて、何秒で下に届くかを競ったものだ。

ゼミ、セミ

狭い所のことで、小院瀬見集落がある。東斜面に縄文・弥生時代の遺跡が発見されたという。

ソラヤマ

そら山・空山《そらやま》・洞山。休ん場端の立岩あたりから一気に崩れ落ちて、空洞になったかのようにえぐられた山肌。その土石流が流失して扇状地のようになった緩やかな傾斜地で、その昔仙人が住んでいたという言い伝えがある。わが家と、南、宇野さんらの田圃と畑が奥深く広がっており、比較的広い田圃が棚田のごとく続いていた。

さらにそのソラヤマの手前下は丸田という一枚のまん丸の形をしたわが家の田圃を頂点に、その下一帯を合戦田と言い、小さな田圃や比較的広い田圃が入り乱れ、棚田として広く扇形に広が

著者の家の裏山一帯をソラヤマといった

っていた。小さなものはそれこそ蓑の下に隠れてしまうほどの田圃もあった。
この合戦田あたりにもわが家の田圃が数多くあり、田植えが終わったあとの水管理では、畦に植えられた枝豆をよけながら、狭いあぜ道をすっ飛んで廻った。藐姑射谷、サンマイ谷、キリハタ一帯を総称してソラヤマと呼んだ。

ソバ

サバともいう砂礫土。山の中腹、森林のある所（蕎麦粒山）。

ダシ

岩石土砂を押し出した地形のこと。

舘《たち》

小規模の城塞、「とりで」の意味。豪族などの住居跡。太美山《ふとみやま》村字舘《たち》、舘集落、元は石黒氏一族の属館で戦国時代には太美光能氏が守っていた。立野脇（本来は「舘の脇」か）のすぐ北側一キロメートルには「舘」という集落（昔は館・ヤカタが在った）がある。また、タチとタヤという各集落や広瀬舘（広瀬という豪族の館・ヤカタ）などもある。

タヤ

開墾地においた管理人の家。福光へいく途中、元太美山農協の手前に「タヤ」という集落がある。

タン

ダンともいう。谷のこと。

綱掛

船を繋いだところ。綱掛集落（小矢部川の水運全盛時代に船を繋留したことから）。

刀切山（頭切山）

キリハタ（切畑）の北側・南西側はサンマイ谷。サンマイ（三昧）は死者の埋葬とか、冥福を祈るという意味がある。サンマイ谷の北側は合戦田、南側は城山、城之腰と戦いに関係する地名が多い。

トリゲ

砦（とりで）からか。昔の出城か。鳥食《とりげ》とも言われている。ここは刀利と滝谷が一望にしてよくみえる場所で、戦国時代の名残と思われる。わが家の斜め左側（東南）。小矢部川を渡った川向かいの山林一帯。わが家の杉林があり、冬には梯子を担いで枝降ろしによく行った。刀利三ヶ村の見晴らしがよくきいた場所である。

中川原《なかがら》

バンドジマの川向かいで畠・畑がたくさんあった。わが家の畑ではサツマ芋、ジャガイモ、里芋、トウモロコシ、豆、ニンジン、ゴボウ、カボチャ、スイカ、瓜、真桑瓜（甘瓜）等々がよく穫れた。

ネネガ谷《だん》

下刀利の先。

ノゾキ

語源のとおり覗くことができないほどの崖の上。のぞき込まないと下がみえないほどの絶壁で、現在の刀利ダムのダムサイト（せき止めてあるところ）となっているところ。

ノゾキ

貌姑射《はこや》谷

わが家の家のそばの谷で、集落の東側上流のソラヤマの中腹、左側一帯は貌姑射谷と呼ばれていて、わが家の田が占めていた。その昔ソラヤマとともに不老不死の仙人が住む場所と言われた。そのすぐ下側の奥まった所は「サンマイ谷」といわれていた。

貌姑射谷の右側（南側）一帯を城之腰地区、さらに上（東側）の地区を「キリハタ」と呼んでいて、南伝右衛門と宇野宗右衛門（肝煎）の田が占めていた。集落から五〇〇メートルほど登ったところで、奥まっていて、そこにいくとさらにまたその奥が開けていた。南西の傾斜地で比較的広い水田や畑が多くあった。

ハリキリバ・ハリキバ

下刀利のそば（腹切り場のことか）。

バンドジマ

下刀利のお宮の下で、川上側（南側）の一帯の地。「中谷」という小さな支流が小矢部川に注ぐ河口付近で、比較的広い平地。山側に広い田圃が一列に並び、真ん中を通る道を挟み、小矢部川側の川岸付近にはこれも比較的広い区画の畑が広がっていた。

小矢部川はこの宮の下で大きく左（西）に蛇行し、その川下一帯から続く険しい黒壁といわれる山肌に流れがぶつかって、洪水の時はいつも畑が流された。大きな石がごろごろしており、手前の河原には砂利や細かい砂が堆積していた。この砂地の畑にわが家ではスイカや甘瓜を植え、大豆やさつまいももよくとれた。バンドジマの川向かいには「中川原」があり、畠がたくさんあった。

不動滝

大門山のすぐ下に源を発する一筋の滝で、小矢部川の源流である。その昔、雨乞いの祈りを度たびしたことがあるらしい。

ヘラ

山腹、傾斜地、ヒラ。

ホウキ

〔蜂起《ほうき》〕した場所、または〔放棄《ほうき》〕した場所か。上刀利と滝谷集落の中間地点で、山がせり出しており、上刀利と滝谷集落の境界。その川向かいは「的場」という地名。ホウキには黒い大岩があり、小矢部川の水位観測用の物差しが設置されていた。また、そのすぐ川下には上刀利の田圃に引く用水路の取水口があった。この用水路はコンクリートでできていて、学校の前を通り、出村さん（南さん）の前まで続いていた。

的場

「ホウキ」（「峰起」または「放棄」）の川向かいの場所で、戦国時代には的をかけて弓など射撃の訓練・練習をした場所といわれていた。

たかつぶり山

前坂（舞い坂）

上刀利の集落から小矢部川に架かる刀利橋を渡り、丸山の峠に向かうかなりきつい上り坂の道で、金沢に向かう道でもある。集落の前にあったから「前坂」と読んだらしいが、坂道が急で、丸山峠から集落に下るとき、駆け下りた（鳥のように舞って下りた）からその名が付いたとも言われている。上り坂は大変で、昔、本願寺などへけやきの大木を献上した時も、刀利五ヶ村の人足だけでは足りず、太美や湯涌谷の応援も得て大木を引き上げたという。

丸　山

上刀利集落の北西側向かいの山で、石川県との県境である。冬には頂上から金沢市街が望める（医王山の一角で砺波山の連山）。

たかつぶり山

刀利富士とも呼ばれ、ノゾキの上の山。昔は冬道として尾根を通った。

横平《よこべら》

清水平の東側で谷内ヶ谷の左側（北側）斜面。子どもの頃までは茅場。戦後はサツマイモやそばを植えていたが、その後杉の木を植林する。植えたばかりの年は水やりに何度も行った。祖母、母、そして姉が清水平の清水を桶に汲み、何度も何度も往き来して水を与えていたのを、子どもの頃木陰で見ていた。

休《やす》ん場《ば》

往き帰りの道中必ずといっていいほど一服（一休み）をしたところで、大平、中平、たかつぶり山への分岐点。ここから下はソラヤマといわれるところで、その昔大崩落した場所。谷内さんや南さんの茅場もあった。

冬山で、この下へダシを滑らせる（転がす）のが実に面白かった。ダシとは薪などを運び出すのに、夏に担いで運ぶより、冬山で大きな束を作り、その束を幾つも縛り付けてソリの様にして雪上を運搬した方が、一度にたくさん運べるので時々利用した。運ぶ途中、時には段差でそのソリがひっくり返ったりして危険な一面もあったが、ソリの上に乗ってスゥイスゥイと山を下るのがとても面白かった。日曜日など父と兄と三人で、かんじきを履いての冬山での作業もとても楽しかった。

谷内ヶ谷

小矢部川の支流で、上刀利では一番水量の豊富な谷であった。学校のすぐ奥には滝があり、高さは十メートルもないが、イワナなどの魚はこれ以上川上へは上れなかった。その上手《かみて》にも多くの滝があった。山が急斜面で小矢部川に対して直角に流れ込んでおり、その谷の左側は赤壁で、急斜面には赤松がへばりつくように生えていた。

左側の山は「城山」といって、この付近は戦国時代より以前には谷内彦左衛門という武士が支配していたらしい。谷内彦左衛門が敗走する時、茶釜や財宝を埋めた場所とも言われている。

この谷の上流を「水上谷」と呼んでいた。そこでは谷内ヶ谷から水路を引き、山の斜面を横切って蕠姑射谷とサンマイ谷の源流部へ水上谷用水を引き、谷内ヶ谷の豊富な水を落としていた。そのため、サンマイ谷やキリハタ、合戦田の広い範囲の棚田は、水不足ぎみとは言え、かなり恩恵にあずかっていた。

医王山

医王山

薬草がたくさんとれた山で、イオウゼンとも呼ぶらしい。医王山（いおうざん）という名は全国各地にある。特に医王寺《いおうじ》という場合、その寺の由緒は千年以上も前、奈良時代にさかのぼるもので、いずれも名刹であり、薬師如来を祀っていると考えてよいといわれた（いわき市の医王寺住職の談。平成一五年）。

富山県と石川県の県境の医王山はヨウゼンと呼び、奈良時代の泰澄大師が、和銅三年（七一〇）に道場を開いたのが始まりで、天台宗惣海寺四八ヶ寺三千坊があったという。戦国時代・文明年間、一向宗の湯涌谷農民によって全山焼き払われる。文明一三年（一四八一）までの七五〇年余の間は天台密教として栄えた。石黒氏（平安時代より荘園をもち、鎌倉時代には地頭、室町時代には有力国人として勢力を保っていた。一向宗と対立し、田屋川原の戦いに敗れ自刃する）の滅亡とともに惣海寺は勢力を失った。

おわりに

どんなに時代が変わっても、夫の中にはふるさとがあり、そこには変わらぬ山があり、川があり、家族がありました。ふるさとを振り返る時にだけ、自然体の人間になれ、肩肘張らない安心感があったのかもしれません。夫は次男であったがゆえに刀利から早く出て、働きながら大学を卒業し、中堅企業に勤め、堅実に世間を生き、家族を愛し、はらからを愛し、同朋を愛し続けてきました。いつも、心にはふるさとを抱きつつ……。

よく「二〇歳前後までを過ごした村、町がその人間の土台を作る」といわれるように、夫の体に染みついていたものは、「刀利」そのものでした。それは、この記録をまとめてみて初めて気付いたことでした。幼い頃の、若々しい心と体に染みついたものは、その人の一生を左右するものであり、自分がどんな人間であるかを確認することができる原風景ともいえるものだということを、強く知らされました。夫にとっての刀利は、人生における生き方や考え方を形作ってきたところの「原点」だったのです。

この本によって、夫の魂がふるさとに還れましたら幸いに思います。

谷口典子

参考文献

※1　『刀利谷史話』宇野二郎編　刀利谷郷友会より作図
※2　前掲書より作図
※3　『万華鏡―富山写真語―85　水天の石仏』ふるさと開発研究所
※4　『富山県の歴史と文化』青林書院
※5　『富山県の歴史散歩』山川出版社
※6　『ふるさと富山歴史館』富山新聞社
※7　前掲書
※8　前掲書

著者紹介

谷口　寛作（たにぐち・かんさく）

昭和14年、富山県西砺波郡太美山村刀利に生まれる。

太美山小学校刀利分校・太美中学校刀利分校卒業。

明治大学商学部卒業後、多摩川精機株式会社に入社。

退職後、郷里史に関わる。

働きながら大学に通っていた頃（職場にて）

編者紹介

谷口　典子（たにぐち・のりこ）

昭和18年、東京に生まれる。

明治大学政治経済学部卒業後、教員をしながら、早稲田大学文学部に学ぶ。

大学院を経て（経済学博士）、大学にて教育に携わる。専門書、翻訳書、詩集などが多数ある。日本ペンクラブ会員。

ダムに沈んだ村・刀利

—消えた千年の村の生活と真宗文化—

2010年９月20日　第１版第１刷　定　価＝2000円＋税
2015年６月15日　第１版第２刷

著　者　谷口寛作
編　者　谷口典子 ©
発行人　相良景行
発行所　㈲時潮社

174-0063 東京都板橋区前野町４-62-15
電話 (03) 5915-9046
FAX (03) 5970-4030
郵便振替　00190-7-741179　時潮社
URL http://www.jichosha.jp
E-mail kikaku@jichosha.jp

印刷・相良整版印刷　製本・仲佐製本

乱丁本・落丁本はお取り替えします。

ISBN978-4-7888-0652-8